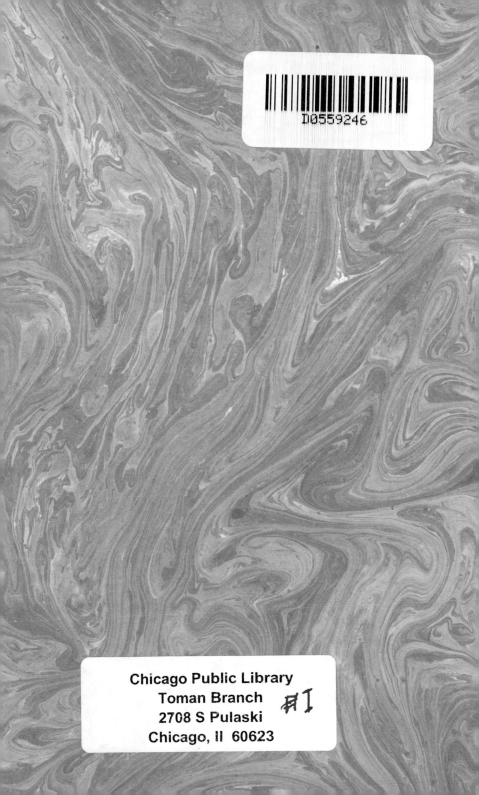

D0559246

«CHE» GUEVARA

ISBN: 84-8403-857-2
Depósito legal: M-24491-2005

Colección: Grandes biografías
Título: «Che» Guevara
Dirección de la obra: Francisco Luis Cardona Castro
Doctor en Historia por la Universidad de Barcelona y Catedrático
Coordinación de textos: Manuel Giménez Saurina,
Manuel Mas Franch, Miguel Giménez Saurina
Diseño de cubierta: Juan Manuel Domínguez
Impreso en: Lável Industria Gráfica

IMPRESO EN ESPAÑA – PRINTED IN SPAIN

INTRODUCCIÓN

El Che, *que por este apodo fue y es conocido Ernesto Guevara de la Serna, ha representado y aún representa el símbolo de la lucha por la libertad de los oprimidos de todo el mundo.*

Fue en los años 60 cuando el mito del Che *saltó a la luz con toda la fuerza de sus actos.*

Fue en esos años 60, la década de Los Beatles y de la revolución de mayo de los estudiantes franceses (1968), cuando gran parte de los jóvenes del mundo entero tenían una fotografía suya o un póster ocupando un puesto de privilegio en su habitación o estudio.

A partir del momento de su muerte, el mito que se creó hizo que se despertara el interés de todo el mundo por la personalidad de este hombre. Sobre todo los jóvenes querían saber cómo era, cómo vestía, cómo transcurrió su infancia y, sobre todo, cómo vivía el aventurero, el guerrillero...

El espíritu inconformista del Che *fue precisamente lo que marcaría el destino fatal de un hombre que con toda seguridad no fue otra cosa que el producto de la aristocracia —aunque fuera una aristocracia venida a menos—, que fue capaz de identificarse con la causa de los menos poderosos, de los oprimidos por sistemas dictatoriales. En efecto, Ernesto Guevara de la Serna dedicó los mejores años de su vida a la lucha armada, única salida —según él— para la mejora de las condiciones humanas.*

5

Sus actos tuvieron siempre carácter de aventura. Desde muy joven gustó de llevar una vida un tanto bohemia, dedicada a viajar y a entrar en contacto con la gente.

Su misteriosa muerte, con tan encontradas y diversas versiones, adquirió dimensiones tan notables que le llevaron a transformarse en la culminación del mito, llegándosele a comparar, en ocasiones, con el Redentor que tenía que salvar a la Humanidad y que fue ajusticiado por los sistemas represores contra los que se enfrentó.

Supersticioso, aventurero, apóstol de este siglo, revolucionario... Se puede escoger entre todos estos calificativos para apelar a Ernesto Guevara. El solo pronunciamiento de su nombre constituye hoy una especie de bandera revolucionaria.

En las páginas que siguen a continuación se ha pretendido presentar, sin afán de exaltación, la personalidad y los hechos de la vida de Ernesto Guevara de la Serna, más conocido por el Che.

CAPÍTULO I

INFANCIA DE ERNESTO GUEVARA

Ernesto Guevara de la Serna nace en la ciudad de Rosario, en Argentina, el 14 de junio de 1928.

Es el primogénito de una familia compuesta por el padre, Ernesto Guevara Lynch; la madre, Celia de la Serna, y cinco hijos: Ernesto, Roberto, Celia, Ana María y Juan Martín. Estudiando el árbol genealógico del hombre que será conocido en la posteridad como *El Che* se puede constatar que proviene de una de las pocas familias argentinas de «puros criollos». En el padre se dan en ambas ramas del linaje por lo menos siete u ocho generaciones de criollos; más de lo necesario para poder hablar de «distinción», ya que esta cualidad se posee desde la cuarta generación propiamente criolla. Sólo existe una pequeña excepción: la abuela Lynch era norteamericana, aunque procedía de una familia argentina que abandonó el país a principios del siglo XIX. En cuanto al linaje materno, se pueden contar hasta diez generaciones de antecesores.

El padre del *Che* Guevara estudió en la Facultad de Ingeniería Civil, aunque no llegó a licenciarse. De carácter impaciente, interrumpió sus estudios después de obtener el título de graduado.

Al cabo de poco tiempo de dejar sus estudios, contrajo matrimonio con Celia de la Serna, instalándose en Rosario, considerada en aquella época la segunda ciudad de Argentina por su población y nivel económico. Rosario se extiende por la orilla derecha del río Paraná, en torno al puerto.

Esta ciudad, considerada por sus habitantes como la rival de la capital argentina, tomó importancia económica y demográfica ya en pleno siglo XX, y la causa de esta preponderancia fue la emigración italiana.

En el momento en que los Guevara se istalaban en la ciudad se iniciaba el desarrollo industrial, aunque la vida de Rosario seguiría dependiendo en buena parte de la actividad agrícola. A causa de esto, el padre de Ernesto Guevara de la Serna se dedicó al negocio de la construcción y compró en la provincia de Misiones una vasta plantación de yerba mate, con la intención de instalar en Rosario un molino yerbatero. Pero el padre del *Che* no tuvo mucha fortuna en los negocios.

En el año 1928, precisamente mientras el joven matrimonio esperaba el nacimiento de su primogénito, se inició en Argentina un período de crisis económica, que empeoró por las repercusiones del «crack» de la Bolsa de Nueva York y por los acontecimientos políticos que se desarrollaron en la República Argentina.

La depresión económica hizo que Ernesto Guevara Lynch renunciara a sus actividades industriales en el campo de la construcción en Rosario y se dedicara por entero a la explotación del mate. En 1930 la familia se instala en la provincia norteña de Misiones: el padre en Caraguatí, cerca de la plantación, y la madre, con su hijo Ernesto, en la inmediata población de Montecarlo.

Pero el tipo de vida que se desarrollaba en aquella latitud no era el más apropiado para el ritmo de vida de la familia, y al cabo de poco tiempo Ernesto decidió renunciar a sus proyectos agrícolas y se trasladó, con su mujer y su hijo, a San Isidro, una población residencial de los alrededores de Buenos Aires.

Ya instalados, el pequeño Ernesto sufrió una grave crisis de asma, enfermedad que le perseguiría durante toda su vida. Por recomendación del médico que le atendió, el matrimonio decidió trasladar nuevamente su hogar a un lugar adecuado para la salud del pequeño: Alta Gracia, en la provincia de Córdoba.

Parece que fue en este lugar donde se formó el carácter de Ernesto Guevara de la Serna. El pequeño solía dar largos paseos y caminatas por las montañas cercanas. Al mismo tiempo, mantenía contacto con las gentes de Alta Gracia, sin hacer diferenciación entre las distintas clases sociales que allí se encontraban.

Poco más se sabe de sus aficiones en su primera infancia. Parece ser que, a los once años, Ernesto y su hermano Roberto deciden «escaparse» del hogar familiar y emprenden una aventura que les lleva hasta unos viñedos en donde se contratan en calidad de peones. Pero esta escapada sólo duraría tres jornadas, ya que decidieron regresar porque sufrieron una fuerte indigestión a causa de la gran cantidad de uvas que llegaron a comer en la plantación.

En otro orden de cosas, una de las aficiones favoritas de Ernesto era la lectura. Ya en su infancia mostró un gran interés por la literatura, tanto novela como poesía, e incluso valoraba enormemente la delicadeza y el sentimiento de las letras del tango de auténticos poetas como Lepera, Manzi y otros.

Con sólo 12 años leyó a Lorca, Machado, Neruda o Baudelaire.

Fué en 1943 cuando la familia decide trasladarse a Córdoba capital.

Ernesto fue matriculado en el Colegio Nacional Deán Funes, el más aristocrático de la ciudad. No tuvo ningún problema por relacionarse con el alumnado de la escuela, de alta alcurnia, y también mantuvo buenas relaciones con el profesorado. Todo el mundo coincide en que Ernesto se hacía querer y tenía un gran atractivo personal, que le valía la estima tanto de profesores como de compañeros.

El paso por el colegio Deán Funes estimuló en Ernesto su inconformismo e hizo que germinase en él una naciente vocación de líder nato, a la par que acrecentó su sentido de la camaradería. Defendía a sus compañeros ante las injusticias y siempre salía bien parado en todos los conflictos escolares.

Pero no fue en el colegio donde se despertó la vocación político-social en Ernesto *Che* Guevara. Todo el mundo coincide en afirmar que el despertar político del *Che* vino apoyado por parte materna.

Es sabido que en un niño afectado por la terrible enfermedad del asma, los vínculos que se establecen con la madre son, si cabe, más estrechos que en cualquier otro infante no afectado por tal o parecida enfermedad. En el caso de Ernesto este vínculo toma forma por cuanto, en las crisis asmáticas, no pudiendo dormir completamente estirado, lo hacía en el regazo de su madre.

Celia tenía sus ideas políticas, aunque, si bien es cierto, según algunos, no llegaron nunca a tomar forma concreta, la verdad es que siempre fueron de izquierdas y estuvo muy orgullosa de la militancia de su hijo. Pero la hermana de su madre, la tía Carmen, desde muy joven puso de manifiesto sus tendencias izquierdistas. Resulta probable, pues, que las inquietudes políticas del joven Ernesto provengan de la rama materna.

La entrada de las ideas socialistas en los denominados Países del Plata (Argentina, Uruguay) se remonta a comienzos del último tercio del siglo XIX, cuando el proletariado rioplatense se afilia a la Primera Internacional (AIT): en 1874 se adhiere a dicho organismo el anarquismo argentino, al año siguiente lo hacen los centros uruguayos.

Poco a poco las ciudades iban a conocer una expansión fabril inusitada, pero las características económicas de los

Ernesto «Che» Guevara, un mito que impactó a la juventud de los años 60.

dos países no pudieron asegurar un empleo estable, salvo excepciones. Así, pues, el jornalero debía alternar generalmente las tareas urbanas con las agrícolas. Por otra parte, el continuo flujo de inmigrantes llegó a provocar un superávit de mano de obra, situación explotada por los patronos para imponer jornadas laborales maratonianas de diez a doce horas con salarios irrisorios.

Intentando hacer frente a tan precaria situación social, se crean mutualidades obreras que pronto se organizan en sociedades de resistencia: panaderos, tipógrafos, talabarteros, carpinteros, metalúrgicos, etc...; sus protestas se hacen oír con más fuerza en aquella «mesopotamia sudamericana». La mayoría de las publicaciones que aparecen entonces denunciando el problema social pertenecen a la ideología anarquista, en castellano y también en italiano para mejor comprensión de los últimos llegados.

El socialismo autoritario, en mayor o menor grado marxista o social-democrático, penetra en la Argentina durante la década de 1880 traído por fugitivos alemanes de la represión de Bismarck. En 1889 Argentina envía delegados a París para la preparación de la Segunda Internacional. En 1894 las organizaciones socialistas argentinas se unificaron para crear un partido político y su medio de expresión fue *La Vanguardia*. Dos años más tarde se intenta la creación de un frente popular aunando las dos tendencias socialistas, que cristaliza en la Federación Obrera Argentina (FOA), pero pronto la dos posiciones se separaron. El anarquismo centró a partir de entonces su actividad en la lucha sindical, mientras que el socialismo, sin abandonar tal lucha, intentar lograr escaños en el Parlamento para defender desde allí los derechos de los trabajadores y procurar cambiar la estructura de la sociedad.

CAPÍTULO II

AÑOS DE JUVENTUD

Cercano a finalizar sus estudios de Bachillerato, encontramos a Ernesto participando de la despreocupada y feliz existencia de la juventud cordobesa.

Forma parte de una pandilla, «La Malagueña», bautizada así porque sus reuniones las hacían en una finca que llevaba este nombre, propiedad de la familia de uno de los muchachos de la pandilla. En este grupo de adolescentes se pueden encontrar los apellidos de más renombre de la sociedad local: Ferreira, Roca, Moyano, Quiroga, etc...

Parece ser que Ernesto se encontraba muy a gusto en compañía de estos amigos, quienes se fascinaban por el carácter despreocupado y antisolemne del muchacho. Ernesto sería durante casi toda su vida lo que podría calificarse de «bohemio», y en este aspecto parece ser que ya se definía así de jovencito, pues no se preocupaba demasiado de su atuendo, el cual, por lo que parece, contrastaba con el de los demás compañeros de juegos.

Chinchina Ferreira cuenta de Ernesto:

> *Cuando conocimos a Ernesto nos fascinó su carácter antisolemne y, sobre todo, su físico obstinado. Su forma de vestir, tan despreocupada, nos daba risa, aunque a la vez también sentíamos un poco de vergüenza ajena. No se quitaba de encima una camisa de nailon transparente hasta que se volvía gris por*

13

el uso. Los zapatos se los compraba siempre en las rebajas —sobre todo en los remates finales—, de tal forma que nunca parecían iguales. Los demás éramos tan remilgados y sofisticados, que Ernesto nos parecía un oprobio. Sin embargo, él aceptaba nuestras bromas sin inmutarse siquiera.

Con la pandilla organizaba bailes de disfraces, caminatas por los alrededores de la ciudad, pero nada que pueda considerarse perjudicial para una juventud de provecho.

Es en esta época cuando Ernesto Guevara de la Serna se define como antiperonista, pero no deja entrever nada que pueda considerarse ya como revolucionario. Ir en contra del régimen de Perón era, precisamente, lo que se llevaba entre la gente acomodada del país. Aunque se ha de tener en cuenta que este antiperonismo no tiene nada que ver con las ideas comunistas que luego arraigarán en Ernesto.

Fue un condiscípulo suyo, Tomás Granados, quien le puso en contacto con una de las personas que posteriormente más influiría en el futuro del joven Ernesto. Éste cuenta trece años cuando Tomás le pide que le acompañe a la comisaría de policía donde su hermano Alberto, estudiante de Medicina de veinte años, se encuentra detenido a consecuencia de unas algaradas que habían organizado los estudiantes antiperonistas. De esta forma se conocieron Ernesto Guevara y Alberto Granados. Después de aquel primer encuentro se iría fraguando un compañerismo que al pasar el tiempo se convertiría en verdadera amistad.

Alberto Granados pertenecía al movimiento estudiantil reformista, partidario de modificar el sistema por medios pacíficos.

Ernesto Guevara de la Serna se gradúa de bachiller en 1947*, cuando contaba diecinueve años de edad. Es el

---

* Algunos biógrafos colocan esta graduación en 1946, cuando tenía dieciocho años.

momento de escoger una carrera. A él le atraía la abogacía, pero la influencia de Granados hará que opte por la Medicina.

También influido por Alberto, que ha decidido cursar el doctorado en la capital bonaerense, Ernesto convence a su padre para que la familia se traslade a Buenos Aires, donde se instalan en el residencial barrio de Palermo.

Sus años de Facultad tampoco indican que Ernesto Guevara tomara partido por ningún radicalismo político, a no ser por el antiperonismo. Fue buen estudiante, y por lo que parece siguió con la vida bohemia, pero elegante, que había llevado en Córdoba.

Y durante los períodos vacacionales que disfrutó en la región de Alta Gracia, Ernesto trató de pasárselo lo mejor que pudo.

Deportista, a pesar del asma

El nombre de Ernesto Guevara de la Serna salta a las rotativas de los periódicos cuando éste cumple veintiún años. Pero no será por sus actividades políticas, sino por algo que tiene que ver con el deporte.

Es en aquella época cuando comenzaba a difundirse en Argentina el uso del ciclomotor.

Ernesto se hizo con un pequeño motorcito que acopló a su bicicleta y de esta manera logró disponer de un vehículo con el que podía alcanzar los treinta y cinco kilómetros por hora. Aprovechando el período de vacaciones estivales, y a pesar de su enfermedad asmática, recorrió, en sólo nueve semanas, la desorbitada cifra de cuatro mil kilómetros, a lo largo y ancho de doce provincias argentinas.

Por aquel entonces, Ernesto había gustado ya las mieles del amor, al conocer a una amiga de su prima Negrita de la Serna, llamada María del Carmen Ferreira. «Chichina», como cariñosamente se la conocía, había nacido en el seno de una de las familias más ricas de la ciudad argentina de Córdoba, pero esto poco importaba entonces, aunque la semilla revolucionaria sembrada por su madre y su tía germinaría pronto. Ernesto y Chichina se atrajeron, sin que los primeros reproches contra aquella sociedad explotadora que comenzaban a anidar en su corazón pudieran fagocitar aquel amor nacido tan de repente.

Los Ferreira poseían una mansión señorial con toda clase de servicios: pistas de tenis y de polo, piscina, ganadería caballar para simple equitación y carrera. El padre de Chichina era uno de los representantes más conspicuos de la elite, que por medio de la corrupción y la represión dominaban Argentina. Aquel joven desaliñado que sujetaba sus arrugados pantalones con un cordel, con una descolorida chaqueta que dejaba entrever una camisa sin planchar, zapatos viejos y pelo poco cuidado, consiguió penetrar en aquel búnker millonario en pos de su Chichina y cuando lo hizo no sintió ninguna cobardía en ir desgranando ante el padre sus convicciones de redentor de las clases oprimidas, que por entonces se hallaban en gestación y que al parecer ni él mismo las tenía firmemente asentadas para iniciar su «vida pública».

Fascinada Chichina, sintió la firme mirada de su enamorado, su desafiante presencia, erudición y nivel cultural, en especial, gran conocedor por afición de los poetas contemporáneos españoles y franceses. Su corazón de mujer supo pulsar el espíritu romántico de Ernesto y le espoleó a plasmarlo en ardientes versos.

Según alguno de sus biógrafos, a partir de 1948 ó 1949, la relación amorosa con Chichina cristalizaría en un idilio secreto que duraría casi una década, hasta que sucedió lo que tenía que suceder: Chichina no fue lo suficientemente valiente para abandonar la vida muelle familiar por un idealista medicucho de leprosos en plena selva, cuyo incierto porvenir se hallaba lleno de nubarrones.

Este despecho final, al que no era ajeno la familia de la muchacha, encendió, para ya no extinguirlo, el odio hacia la clase feudal explotadora por parte de Ernesto, y cuya conclusión lógica sería años más tarde la del objetivo de su eliminación sin escatimar métodos violentos. A la inversa, aquí la mujer, como tantas otras veces sucediera, no pudo cambiar al hombre: Chichina se estrelló una y otra vez con la manera de pensar de Ernesto, y su «chic» femenino no fue suficiente para hacerle variar la desangelada forma de vestir las raíces de su espíritu.

Hasta entonces no hay pruebas de que Ernesto tomara parte en movimientos de protesta contra la situación que vivía Argentina en aquella época. Sus padres eran antiperonistas convencidos, pero Ernesto no consiguió que hicieran oídos a su proposición de fabricar explosivos capaces de ayudar a la guerrilla urbana.

CAPÍTULO III

A TRAVÉS DE LAS TIERRAS IBEROAMERICANAS

Durante el verano austral de 1951, Ernesto emprende un viaje de mucha mayor envergadura que el realizado en bicicleta. Esta salida le llevará, junto a su amigo Alberto Granados, hasta los Estados Unidos, y durará aproximadamente diez meses.

Alberto ya es doctor en Medicina y se ha especializado en biología. Ernesto todavía está estudiando. La intención que les lleva a viajar es científica a la vez que deportiva. Ernesto se interesa por la arqueología, mientras que Alberto quiere visitar la leprosería de Rapa-Uni, en la isla de Pascua. Pretenden cruzar los Andes en motocicleta, y desde Chile tomar un barco que les conduzca a la lejana isla del Pacífico.

Los dos amigos salen de Buenos Aires el 29 de diciembre de 1951. Recorren todo el norte argentino y pasan a Chile por Peulla. Su idea principal es la de llegar a Valparaíso y una vez allí ponerse en contacto con la Sociedad de Amigos de la Isla de Pascua para concretar la visita a la leprosería de Rapa-Uni.

Mas pronto su objetivo se ve malogrado: después de cincuenta y cinco días de viaje la moto se estropea, sin posibilidad de reparación. Llegan como mejor pueden hasta Santiago, y una vez allí encuentran gran cantidad de impedimentos, lo que les hace abandonar la idea de visitar la isla de Pascua: se les dice que no hay barco que parta próximamente a la isla; las autoridades no están muy convencidas de que se visite la leprosería, etc...

Entonces deciden proseguir el viaje hacia el norte, de forma que cruzan la frontera que separa Chile de Perú. Como no tienen mucho dinero, durante el viaje trabajan en lo que pueden —hacen de peón albañil, marinero, e incluso ejercen ambos de médico—. Desde Lima se acercan a Machu-Picchu, pues la tentación de visitar las ruinas por parte de Ernesto es demasiado grande como para vencerla. Allí sufre una grave crisis de asma, debido a la altura.

Una vez recuperado, es Granados quien decide imponer sus preferencias: irán a Iquitos, a visitar la leprosería.

Viajando de sur a norte por el país peruano, llegan a la leprosería de San Pablo. La impresión que causa en Ernesto aquella visita no la olvidará en toda su vida. Quedó profundamente admirado por el gran compañerismo y lealtad que reinaba en aquella sociedad.

De allí parten en una balsa construida por los propios leprosos, navegando por el Amazonas.

Es al llegar a Colombia donde los dos expedicionarios encuentran la primera dificultad de carácter burocrático-policial. En la frontera colombiana no son bien vistos dos extranjeros con aspecto tan poco «pulcro» como el que presentaban los dos amigos: posiblemente iban mal vestidos, sin dinero y sin visado consular. Por lo que parece, en un primer momento pretendieron encarcelarlos, aunque luego consiguieron un documento-visado que les permitió estar en el país setenta y dos horas, tiempo que emplean para llegar a Bogotá y desde allí a la frontera con Venezuela.

El 16 de julio de 1952 llegan a Caracas. Han transcurrido siete meses desde que salieron de Buenos Aires.

Es entonces cuando deciden separarse. Ernesto ha de volver a Argentina, pues debe concluir sus estudios en la Facultad;

20

Alberto, por su parte, decide quedarse como médico en la leprosería de Calvo Blanco.

Pero no es tiempo todavía de que Ernesto regrese a su patria natal. Primero viaja a Miami en compañía de unos amigos argentinos con los que convive en Caracas, quienes le ofrecen el viaje gratis. Estos amigos se dedican a transportar caballos de carreras en un avión acondicionado para tal menester.

En el mes de octubre, después de diez meses de viaje, Ernesto Guevara regresa a Buenos Aires.

Segundo y definitivo viaje

Ernesto se halla firmemente decidido a terminar sus estudios. Consigue superar con brillantez los exámenes de doce asignaturas y presentar una tesis que le valdrá el doctorado. La tesis es supervisada por el doctor Salvador Pisani y trata de las afecciones alérgicas, tan bien conocidas por Guevara, debido al asma bronquial que padece.

Ahora, una vez obtenido el título de doctor en Medicina, es cuando realmente debe decidir sobre su futuro.

Su primera intención es la de viajar hasta Venezuela para reunirse con su amigo Granados en la leprosería y trabajar allí como médico. Emprende viaje con un compañero: «Canica» Ferrer.

La primera etapa del viaje les lleva hasta La Paz; van en tren y en primera clase.

En la capital boliviana pasará algún tiempo, y allí traba amistad con un grupo de argentinos exiliados, entre los cuales se encuentran Isaías Nougués y Ricardo Rojo.

Después de visitar los vestigios de la civilización aymará, la antiquísima Tiahuanaco y la Puerta del Sol, Guevara decide que ya es tiempo de proseguir el viaje previsto. Sigue su camino con «Canica», y a los dos compañeros se unirá Ricardo Rojo.

21

Llegan a la frontera peruana en un camión en el que viajan, además, indios bolivianos y peruanos.

Antes de llegar a Lima se detienen en Cuzco, donde Guevara decide permanecer algún tiempo, pues no quiere dejar de visitar las maravillas arqueológicas de la región. Rojo continúa viaje solo, y acuerdan que los tres amigos se reunirán en Lima. Cuando lo hacen, al cabo de algún tiempo, siguen viaje hacia Ecuador. Desde la frontera de Huaquillas, Guevara, Rojo y Ferrer se dirigen al puerto de Guayaquil, con la intención de cruzar Ecuador y luego Colombia, para llegar a Venezuela.

Pero en Guayaquil el grupo de tres se convierte en un grupo de seis. Andro Herrero, «Gualo» García y Oscar Valdovinos, argentinos de origen, deciden acompañar a Guevara y sus amigos hasta Venezuela.

Encuentran dificultades para conseguir el visado que les permita entrar en Colombia. El valle de Tolima se halla ocupado por las guerrillas y el dictador Rojas Pinillas tiene movilizado al ejército. El visado se demora día tras día y semana tras semana, mientras las reservas económicas de los seis amigos van reduciéndose.

Finalmente, y gracias a una recomendación que Salvador Allende había dado a Rojo para un correligionario suyo de Guayaquil, consiguen pasajes en los buques fruteros de la United Fruit Company.

Así pueden proseguir viaje hasta Panamá. Pero han de hacerlo de dos en dos. Después de echarlo a suertes, resulta que primero partirán Rojo y Valdovinos; después lo harán Ernesto y «Gualo» García, y finalmente serán Ferrer y Herrero quienes embarcarán. Pero tampoco resulta de esta manera, pues en el último instante Ferrer decide dedicarse a especular con bienes inmuebles, mientras que Andro Herrero resuelve regresar a la Argentina. Los seis amigos quedan, por tanto, reducidos a cuatro.

Después de varios viajes, su afán revolucionario le llevó a unirse a la guerrilla de Fidel Castro.

Éstos planean su porvenir. Es entonces cuando Rojo convence a Guevara para que se vaya con él a Guatemala, donde la revolucion se halla en plena efervescencia. Deciden ir los cuatro, aunque Guevara no está muy convencido.

Finalmente, Rojo y Valdovinos parten de Guayaquil el 9 de octubre de 1953. Han acordado encontrarse en Panamá con Guevara y García, pero tardarán más de tres meses en volver a reunirse y será la casualidad quien así lo disponga.

CAPÍTULO IV

REVOLUCIÓN EN GUATEMALA

En el mes de noviembre de 1953 llegan Ricardo Rojo y Oscar Valdovinos al puerto guatemalteco de San José. Los ánimos en Guatemala están alterados. En 1950 llegó al poder Jacobo Arbenz Guzmán, quien inició una amplia reforma agraria. Había expropiado a la United Fruit Company casi siete millones de hectáreas, con el fin de mejorar las miserables condiciones de vida del campesinado y conseguir de alguna forma la independencia económica de Guatemala. Estas hectáreas fueron repartidas entre los campesinos sin tierras.

Otros cinco millones de hectáreas debían ser expropiados en una segunda etapa. Esta segunda etapa había sido planeada para 1954, y con ella se debían beneficiar unas ciento veinte mil familias del proletariado rural.

Los Estados Unidos acusaron a Arbenz en este ínterin —entre 1953 y 1954— de instaurar un régimen comunista, y sus servicios de contraespionaje (CIA) armaron en Honduras y Nicaragua un pequeño ejército de mercenarios, el cual se veía incrementado por elementos derechistas del interior del país, que en un futuro no muy lejano acabarían invadiendo Guatemala.

Cuando los dos viajeros procedentes de Guayaquil llegaron a Guatemala, se encontraron con que el país se había convertido en el punto de mira de todos los movimientos más progresistas de Hispanoamérica. En la capital guatemalteca

25

se encontraban casi todos los refugiados políticos de todas las tendencias nacionalistas, desde los más moderados hasta los extremistas más radicales.

Al poco de estar en el país, Ricardo Rojo trabó amistad con dos argentinos que desde los Estados Unidos pretendían regresar a su país natal con su viejo Ford, de matrícula estadounidense.

Rojo decidió unirse a Walter y Domingo Beveraggi Allende, que así se llamaban los dos argentinos, para desandar el camino —esta vez por tierra— y buscar en algún punto entre Guayaquil y Guatemala a su amigo Ernesto. Pensaba que éste estaría todavía por allí, a causa de algún problema de tipo burocrático o quizá algo peor.

Los tres nuevos amigos cruzaron de oeste a este todo El Salvador, más tarde el territorio de Honduras por la costa pacífica; llegaron a la frontera con Nicaragua a mediados de diciembre y al día siguiente habían sobrepasado ya la pequeña ciudad de Rivas, cuando unos camioneros les detuvieron para decirles que lo mejor que podían hacer era regresar por donde habían venido, pues la carretera estaba intransitable. Celebrado un pequeño consejo, decidieron seguir adelante. Entonces ocurrió un hecho que no puede dejar de ser mencionado como una pequeña anécdota propiciada por la casualidad: en medio de un terrible aguacero, casi sin poder avanzar, pues el estado de la carretera verdaderamente era intransitable, los tres viajeros vieron a lo lejos dos siluetas que avanzaban penosamente bajo la terrible tormenta.

¿Y quiénes podían ser sino Ernesto Guevara de la Serna y «Gualo» García?

Efectivamente. Cuando los dos caminantes llegaron a la altura del viejo Ford, se encontraron con que uno de los tres pasajeros no era otro que Ricardo Rojo. Ni que decir tiene que el encuentro causó gran alegría a los tres amigos.

Después de los abrazos y presentaciones de rigor, decidieron que lo mejor que podían hacer era volver a Rivas, pues Ernesto informó que, efectivamente, no se podía transitar por aquel tramo de calzada. Explicó, además, que habían llegado hasta allí procedentes de Panamá, a veces andando, otras viajando en algún coche o camión que tenía a bien llevarles, hasta que providencialmente sus vidas se cruzaron de nuevo.

Ya en Rivas, decidieron que lo mejor que podían hacer era intentar llegar hasta Guatemala. Pasaron el fin de año en San José de Costa Rica.

En este país permanecieron hasta mediados del mes de enero de 1954. Aquí, Ernesto conoce a Rómulo Betancourt, quien posteriormente llegaría a ser presidente de Venezuela, y a Raúl Leoni.

También frecuentó un pequeño café donde conoció a bastantes exiliados cubanos, algunos de los cuales habían acompañado a un tal Fidel Castro en el asalto al cuartel de Moncada. Ésta es la primera vez que Ernesto oye hablar de Fidel, quien ahora se encuentra preso en Cuba.

Los cubanos hablan y hablan sin parar. Ernesto se entera así de que Cuba es un campo de lucha donde todo son ejecuciones sumarias, atentados, secuestros, torturas increíbles en las cárceles, etc. Por lo demás, los refugiados en Costa Rica viven bien, ya que han logrado traer con ellos objetos de valor, que han ido vendiendo, y la gran mayoría recibe cheques de su familia.

Guevara, en aquel entonces, se muestra un tanto escéptico ante aquellas narraciones.

Los Beveraggi lograron vender su coche, salvando el obstáculo de la matrícula americana, y los cinco viajeros salen hacia Guatemala, esta vez en autocar.

El presidente Arbenz denunciaba ya los preparativos de invasión instigados por el gobierno de los Estados Unidos.

Guevara, en esta época, adopta una actitud de observador más que de participante activo en los acontecimientos. Aprovecha el tiempo para conocer Petén, donde visita los importantes vestigios de la cultura Maya-Quiche que allí se conservan.

Pero, poco a poco y a pesar del escepticismo que marca el carácter de Guevara, va simpatizando con el régimen de Arbenz. Así, y provisto de cartas de recomendación, llegó a entrevistarse con el ministro de Sanidad guatemalteco, a quien le pide le dé un puesto de médico en Petén, donde ha empezado a funcionar una especie de Servicio Social para las poblaciones indígenas.

Cuando prácticamente ha obtenido el trabajo, el ministro le pregunta si posee el carné de afiliado al Partido Guatemalteco del Trabajo (PGT).

Ernesto le contesta de modo tajante que él es un revolucionario y que no cree que para hacer la revolución sea necesario pasar por esas formalidades. Aunque ésta no es la primera vez que Ernesto ha hablado de revolución, sí podemos decir que éste es el momento crucial para Ernesto, quien a partir de ahora adopta ya una postura concreta frente a los acontecimientos políticos. Desaparece de alguna manera el bohemio aventurero para dar paso al guerrillero que no dará tregua a sus enemigos. Pero esto no será, verdaderamente, hasta que no se desate el conflicto armado en Guatemala.

Sin embargo, Guevara empieza a frecuentar las reuniones políticas que se hacen en el local de la Juventud Revolucionaria. Allí conocerá a la mujer con la que posteriormente compartirá una época de su vida: Hilda Gadea Onfalia, una peruana exiliada del APRA.

Mientras tanto, las relaciones entre Guatemala y los Estados Unidos se encuentran en el límite de lo tolerable. Se sabe que en la capital guatemalteca se halla el cuartel general de la CIA. El gobierno de Arbenz expulsa del país a los agentes cuya notoriedad es inexcusable y a unos cuantos periodistas norteamericanos. También tiene problemas con la Iglesia y un obispo debe abandonar el país.

Ernesto, en una de las reuniones de la Juventud Revolucionaria expone sus planes para enfrentarse a la crisis política: hay que armar a los campesinos. Pero su plan no es escuchado. De cualquier forma, es probable que no hubiera tenido éxito, ya que por aquel entonces ya no había tiempo de adiestrar a la masa del campesinado, pues los acontecimientos se desarrollan precipitadamente.

Hasta el último momento los revolucionarios guatemaltecos confiaron en el Ejército.

Parece ser que en este punto Guevara ya ha alcanzado cierta notoriedad entre los agentes de la CIA. Se prepara un complot para terminar con su vida. Enterado de esto Nicanor Sánchez Toranzo, encargado de negocios argentino en la Embajada, será quien, por esta vez, salvará la vida a Ernesto. Busca a Guevara por todas partes y cuando finalmente le encuentra le pone al corriente del complot. Ernesto no puede dar crédito a sus oídos, ya que no imagina pueda ser tan importante.

Sánchez Toranzo acucia a Ernesto para que se refugie en la Embajada. Ernesto, en un principio, no lo cree necesario, pero se convence cuando el hombre le explica que Arbenz ha renunciado ya a la lucha. Tras muchas dudas, decide aceptar la oferta de Sánchez Toranzo y se refugia en la Embajada argentina. Por lo que parece, Jacobo Arbenz ha hecho lo propio en otra embajada.

El ataque de los mercenarios pagados por la United Fruit Company se produce el 18 de junio de 1954. El día 27 del mismo mes ha terminado la invasión.

Ernesto, refugiado en la Embajada, pide un salvoconducto que le permita llegar sano y salvo a México, pues sabe que allí se encuentran refugiados los cubanos que esperan la liberación de Fidel Castro.

Parte en tren hacia su nuevo destino, acompañado por un militante del Partido Guatemalteco del Trabajo: Julio Roberto Cáceres Valle, apodado «El Patojo», con quien acabará uniéndole una verdadera amistad.

CAPÍTULO V
CIUDAD DE MÉXICO

Ernesto y su nuevo compañero llegan a la ciudad de México; no tienen dinero y deciden dedicarse por algún tiempo a la fotografía callejera. Invierten el poco dinero que tienen en comprar una cámara fotográfica y malvenden las fotografías que hacen en un parque por unos pocos pesos. Hicieron sociedad con un mexicano que tenía un pequeño laboratorio fotográfico donde revelaban las fotos que iban haciendo. De esta forma conocieron la ciudad de México, ya que debían ir a pie de un lado a otro para entregar las fotos.

En la ciudad de México, Guevara vuelve a reencontrarse con su antiguo amigo Ricardo Rojo, quien en los momentos decisivos de la invasión de Guatemala se hallaba en los Estados Unidos. Con él podrá comentar las incidencias de la invasión.

Guevara comparte ya su vida con Hilda Onfalia Gadea, que también ha ido a refugiarse a México; conviven en una modesta habitación de la calle Nápoles, número 40, con «El Patojo». Hilda está embarazada y deciden contraer matrimonio cuando dé a luz, o por lo menos aparentemente, porque no hay pruebas de que tuviera lugar ningún tipo de ceremonia.

No tiene nada de extraño, pues, que, ante la necesidad de llevar a casa dinero para mantener a su familia, Ernesto parezca que se haya olvidado, al menos momentáneamente, de sus inquietudes revolucionarias.

Sin embargo, nada más lejos de la realidad. Poco a poco, Ernesto, por una serie de influencias externas, se verá empujado hacia su propio destino: por un lado, el contacto con los refugiados cubanos se hará más estrecho; por otro, su esposa ejerce una poderosa influencia en cuestión de política, pues no hay que olvidar que ella es una peruana exiliada por razones políticas; también se ha decepcionado profundamente de la revolución mexicana.

Después de presenciar el desfile del Primero de Mayo, Guevara comunica a Ricardo Rojo que piensa dejar un país donde, según sus propias palabras, «los revolucionarios se han convertido en marionetas y en empleados gubernamentales».

Ernesto Guevara de la Serna empieza a frecuentar las reuniones políticas de los cubanos, que se efectúan clandestinamente en el Hotel Imperial de la ciudad de México. Ernesto había conocido a muchos cubanos en Guatemala. Uno de los personajes más destacados era Raúl Castro, precisamente por ser hermano de Fidel.

Raúl llegará a ser un buen amigo de Guevara; tanto, que cuando Ernesto y Hilda contraigan matrimonio actuará de padrino de bodas. Raúl Castro es menor que Ernesto. En realidad, existe en la edad la misma relación que existía entre Granados y Guevara, pero esta vez a la inversa.

A Guevara le gusta mucho el carácter de aquellos hombres que piensan que únicamente por la fuerza podrán derrotar a Batista. Esta forma de pensar se acerca mucho ya a la suya.

En la primavera de 1955 empieza a hablarse de la liberación de Fidel. Batista tiene problemas tanto en el interior de Cuba como en el exterior, sobre todo con los Estados Unidos, y piensa que una amnistía puede ayudarle a solventar algunos problemas.

La radio cubana da la noticia el 3 de mayo de que el Senado ha aprobado la Ley de Amnistía. Pero no será hasta bien avan-

Fidel Castro nombró «comandante» al Che Guevara en plena insurrección.

zado el verano cuando esta ley entre en vigor. Castro es puesto en libertad con la condición expresa de que debe abandonar inmediatamente el territorio cubano.

Llega a México al cabo de poco tiempo, y será allí donde se fraguará el golpe de Estado que dará fin al gobierno de Batista.

En ese momento ocurre un hecho que está a punto de dar un giro completo a la existencia de Guevara: la caída de Perón. Los hechos encuentran a Ricardo Rojo en los Estados Unidos. Regresa rápidamente a México en busca de Guevara. La familia de Rojo se halla muy ligada con el destacado dirigente radical Frondizi, antiperonista radical. Ricardo Rojo confía en que, si llega el momento, ocupará un puesto destacado en el nuevo gobierno argentino.

En principio, Ernesto parece decidido a seguir a su amigo. Rojo gestiona la reserva de una plaza para Ernesto en el avión militar que debe conducirles hasta Argentina. Pero en el último momento Ernesto se vuelve atrás. Decide que, aunque Frondizi consiguiera tomar el poder, las cosas no cambiarían en absoluto en Argentina, mientras que en Cuba se prepara algo muy importante y allí hay mucho por hacer.

Por un lado, a Ernesto se le ofrecía una revolución ya realizada, la cual parecía más bien un regreso a la normalidad institucional, mientras que por otro lado se encontraba con la revolución cubana, la cual prometía todo tipo de emociones —recordemos al Guevara aventurero—, y en donde todavía estaba todo por hacer. En realidad, para Ernesto, entre las dos opciones, no había color.

No podemos indicar con precisión el momento exacto en que Ernesto *Che* Guevara se convirtió en un revolucionario comunista. Es probable que tal ideología le eclosionara en Guatemala y México, puesto que en agosto de 1953, en Bolivia, confiesa Rojo, «Guevara no era de ningún modo un marxista, ni tan sólo mostraba un claro interés por la política... Los compañeros de estudios manifestaban que era un anarquista sin vinculaciones políticas...». Fue a raíz de su aventura guatemalteca cuando comenzó a leer con profusión a Marx y Lenin y pronto poseyó una completa biblioteca marxista, hasta que finalmente el marxismo-leninismo le caló hasta los huesos.

Quizá la que más influyó para que se produjera esta «conversión» fuera Hilda Gadea, su nueva compañera sentimental que tan bien supo ocupar el lugar de su madre y borrar el recuerdo de la inmadura Chichina. Hilda era una joven pequeñita pero bien proporcionada, de facciones claramente indias, piel aceitunada y largas trenzas negras y brillantes como el azabache; tenía cuatro años más que Ernesto y por su tenacidad y tozudez, no exenta de simpatía, era el complemento ideal para aquel argentino idealista y obcecado.

Su odisea hasta unirse a Ernesto, su extracción proletaria y su precoz madurez atrajeron a aquel «proyecto» de revolucionario y esta vez sí que la «fémina» tuvo agallas para hacer vestir a Ernesto con mayor corrección, llegó en los primeros tiempos a pagarle el alojamiento y cuidó con extrema dedicación maternal los ataques de asma de su compañero. Las ideas marxistas-leninistas y revolucionarias del «Che» no tardaron en desarrollarse bajo aquella amorosa influencia y la de Nico López, uno de los luchadores castristas más relevantes.

Tras la desaparición de Ernesto, su mujer Hilda manifestaría: «Guatemala le convenció para siempre de la necesidad de combatir el imperialismo con las armas en la mano y de pasar rápidamente a la ofensiva.» Ernesto se comprometió con la causa revolucionaria trabajando en principio como médico: «Entonces yo estaba en Guatemala... y había empezado a apuntarme algunas normas de conducta de un médico revolucionario. Empecé a examinar los requisitos que tenía que poseer un médico para ser calificado como revolucionario...

Finalmente se me hizo la luz y comprendí una cosa elemental: para ser un médico revolucionario, o simplemente un revolucionario, hace falta que haya una revolución.»

El 19 de junio de 1954 cae el gobierno guatemalteco de Jacobo Arbenz ante una ofensiva del general Carlos Castillo Armas, auspiciada por los Estados Unidos. Ante el peligro que ello representaba, Ernesto tuvo que buscar protección en la embajada argentina. El gobierno peronista sugirió que regresara a la patria en un avión comercial, pero la negativa del revolucionario fue rotunda.

CAPÍTULO VI

FIDEL CASTRO

Consideramos interesante dar a conocer al lector algunos datos de la biografía de Fidel Castro, por ser éste un hombre que marcó, durante mucho tiempo, la vida del *Che* Guevara:

Fidel Castro Ruz nació un 13 de agosto de 1926 en la hacienda familiar de Biran, en la costa nordeste de la provincia de Oriente.

Su padre, Angel Castro Argiz, era un campesino gallego, un hombre taciturno y terco, que había hecho su fortuna con las serrerías de madera y explotando casi cien hectáreas de caña de azúcar de su plantación.

El padre de Fidel Castro se casó dos veces. De su primera mujer tuvo dos hijos: Lía y Pedro. De la segunda esposa, Lina Ruz, nacieron Ángela, Ramón, Fidel, Raúl y Juana.

La familia de Fidel, descendiente de españoles, era muy religiosa. Las paredes de su casa estuvieron siempre decoradas con crucifijos y efigies de la Virgen. Pero Fidel, lo mismo que la mayoría de los jóvenes cubanos, se divertía haciendo rabiar —sin mala intención— a curas y frailes.

Fidel cursó estudios primarios en una escuela católica de Santiago de Cuba; luego, como pensionista, pasó por el Colegio de la Salle, dirigido por los hermanos de las Escuelas Cristianas. Fueron los jesuitas, finalmente, quienes completaron su educación.

Fidel se interesaba por la Historia, la Geografía y la Literatura. En cambio, las Matemáticas no eran precisamente muy de su gusto.

De muchacho, poseía ya la energía y dotes de mando que luego le caracterizarían durante toda su vida, pues se dedicaba a organizar los juegos con sus compañeros y era siempre el líder de éstos.

Durante sus estudios secundarios, en el colegio de Belén dirigido por los jesuitas, se dedica a practicar deportes. Destaca en baloncesto, béisbol, pelota vasca y en los cien y doscientos metros lisos.

En el año 1945 se distingue en la escuela por sus excelentes notas. Sin embargo, posteriormente, el mismo Fidel asegurará que nunca ha sabido contar ni dibujar.

En el momento de escoger una carrera, terminados sus estudios secundarios, opta por la de Derecho.

Fue elegido presidente de la Asociación de Estudiantes de La Habana y se unió al cuerpo expedicionario compuesto por mil cien hombres que proyectaban invadir la República Dominicana y derrotar a Trujillo. En realidad, la tentativa resultó un verdadero fracaso.

El 12 de octubre de 1948 contrajo matrimonio con Mirtha Díez, estudiante de Filosofía, quien no tardó mucho en darle un hijo, al que impusieron el nombre de Fidel.

Licenciado en 1950, abrió un bufete de abogado, el cual no le daba mucho dinero, pues en realidad ejercía gratuitamente en defensa de las causas de los que no podían pagarle.

Llegado Batista al poder en marzo de 1952, Fidel se dedicó a pleitear ante el tribunal de Garantías Constitucionales para que la toma del poder por parte de Batista fuera anulada por anticonstitucional, pidiendo, a la vez, cien años de reclusión para el dictador.

Se presentó como diputado a las elecciones que serían anuladas por Batista. En aquel momento, Cuba era un hervidero de pasiones, y así empezó a abrirse la senda del futuro de Fidel.

26 de julio de 1953

En el mes de julio de 1953, en una granja del pueblo de Siboney, se hallaban reunidos unos jóvenes que estaban a punto de entrar en la Historia. En total eran ciento cincuenta. Estos jóvenes se habían pasado todo un año reuniendo armas. Y también habían elaborado un plan: apoderarse del cuartel de Moncada, la segunda fortaleza de la isla.

Los conspiradores estaban convencidos de que, una vez la fortaleza de Moncada estuviera en sus manos, toda Cuba se levantaría contra Batista. La idea principal era la de aprovechar las fiestas de carnaval, pues con toda seguridad la guarnición estaría durmiendo.

Los conjurados van hacia su destino como si fueran de paseo, formando una caravana de vehículos. Abel Santamaría dirige el primero, que, después de sorprender a la guardia, penetra en la plaza.

Fidel iba en el segundo coche y también consiguió pasar.

Pero una inesperada patrulla regular del Ejército se presenta, de repente, en un coche, flanqueando la caravana. Ráfagas de metralleta y caos por todas partes. Abel Santamaría no tardará en morir. Fidel es apresado, pero gracias al cardenal Pérez Serantes consigue librarse de ser ajusticiado antes de ser juzgado.

Se abre el proceso el 21 de septiembre. Fidel, como buen abogado que era, se defendió a sí mismo a lo largo de cinco horas. Consigue salvar la vida, pero es condenado a quince años de prisión.

Transportado a la isla de los Pinos, fue encerrado durante siete meses en una celda. Durante este tiempo aprovecha para perfeccionar su inglés y allí se entera, también, de que su esposa ha pedido el divorcio. Su suegro, por otro lado, ha sido nombrado ministro de Batista.

Dejamos aquí la somera biografía de Fidel para proseguirla a través de las páginas siguientes acompañando a Ernesto Guevara. Sabemos, por otro lado, que Fidel es amnistiado y dejado en libertad en el verano de 1955 y se reúne en México con su hermano y compañeros.

Desde febrero de 1955, Ernesto y Hilda eran padres de una niña. La pequeña Hildita creció como pudo en el precario ambiente económico en el que se desenvolvían sus progenitores; el apartamento era pequeño, aunque un palacio comparado con las estrecheces sufridas anteriormente en México por Ernesto, antes de reunirse con Hilda, estrecheces entre las que destacaban las económicas. El *Che* y su compañero Julio Roberto Cáceres, «el Patojo», es decir el «estevado», malvivieron haciendo fotografías a los visitantes del parque y revelándolas a continuación en un pequeño laboratorio. Después las cosas fueron mejorando...

Hilda contribuyó a aumentar los escasos ingresos, empleada en una oficina. Al poco del nacimiento de Hildita, Rojo puso en contacto a Ernesto con su compatriota Arnaldo Orfilda Reynal, editor de la firma más importante de México, el Fondo de Cultura Económica. Esta relación permitirá al *Che* unos ingresos como vendedor de libros a plazos y, por otra parte, gracias a ello devoró las más costosas ediciones sobre marxismo y leninismo, acompañadas de obras sobre estrategia militar, o la guerra civil española, de la que en México se hallaban tan interesados en especial por el alud de fugitivos republicanos que había acogido el país. Disponía de la noche para leer los mismos libros que al día siguiente había de intentar colocar puerta a puerta.

Ernesto va a recibir su instrucción guerrillera del coronel Alberto Bayo, un cubano exiliado en México, que había luchado a favor de los republicanos en la guerra civil española. Le había dejado un libro titulado *150 preguntas a un guerrillero*. Tras la revolución, Bayo se escapó de las mieles del triunfo y siguió dando charlas sobre la guerra de guerrillas hasta su fallecimiento en 1965.

Pero antes, en México, Bayo se camufló de coronel salvadoreño que deseaba invertir su peculio, y a tal fin adquirió la granja de Santa Rosa. Requirió entonces los servicios de «trabajadores» cubanos que ayudaron en tareas administrativas y para mayor camuflaje el mismo Bayo se presentó como profesor de inglés. Ernesto recibió de Bayo una inmejorable formación guerrillera que pronto le convirtió en líder de aquellos aparentes jornaleros y alumnos ávidos de aprender la táctica de la violencia y la desestabilización bajo supuestas lecciones de inglés.

Sin embargo, alguien fue con el chivatazo a las autoridades y cierto día irrumpió en los locales de la granja un grupo de policías federales con objeto de registrarlos. Los aprendices de revolucionario fueron a dar con sus huesos en la cárcel. Poco estuvieron privados de libertad porque al cabo de un mes, poco más o menos, quizá algún político mexicano que veía con buenos ojos las actividades del grupo, presionó para que salieran a la calle, o bien porque el ambiente de aquel México tan acostumbrado a las revoluciones consideraba que aquellos «camaradas» a los que les bullía la sangre por estar ávidos de pasar a la acción, eran «pecatta minuta» en el contexto general de la época.

CAPÍTULO VII

SE FRAGUA LA REVOLUCIÓN CUBANA

Raúl Castro ha hablado mucho con su hermano sobre el argentino que ha conocido. Fidel decide conocer a este hombre de quien Raúl le ha contado maravillas.

En el apartamento que ocupan los dos hermanos Castro en el Hotel Imperial tienen lugar las reuniones más tumultuosas que imaginarse pueda. Allí se concentra la juventud exiliada cubana que escucha el plan de Fidel para invadir Cuba. Ernesto se muestra entusiasmado. Toma su decisión súbitamente sin reflexionar ni sopesar los pros y los contras. De esta forma es como Ernesto *Che* Guevara integra el grupo de los dos primeros en la lista del *Granma* —nombre en clave que los revolucionarios dan al desembarco en la isla—. A Ernesto le interesa la nueva aventura por su aspecto político, pues bajo la influencia de su esposa y de sus nuevos compañeros cubanos, a través de lecturas y por la revisión de sus propias experiencias vividas, acaba por adoptar conciencia política.

En las habitaciones del hotel mexicano un solo grito unánime se escucha:

—¡Edificaremos una patria nueva e igualitaria!

Por aquel entonces, Ernesto ya suele decir:

—¡Soy algo más que la Izquierda! ¡Soy la Izquierda de la Izquierda! —y añade—: ¡La primera arma del hombre es su cerebro!

En los preparativos del golpe, Ernesto tiene a su cargo el adiestramiento físico del pequeño contingente, así como la organización sanitaria.

Finalmente, el 25 de noviembre de 1956, después de más de un año de trabajo, llega el momento de actuar.

En una barca pesquera, con capacidad aproximada para veinte personas, se hacinan los ochenta y dos hombres que están mandados por Fidel Castro, con sus armas y municiones.

Desde el puerto de Tuxpan, en México, el pesquero alcanza la playa de las Coloradas, en la costa sur de la isla de Cuba.

El desembarco resulta un fracaso completo. Por lo visto, Batista se hallaba informado de los hechos. Su aviación descubre a los invasores y les atacan. Muchos de ellos mueren, y la mayoría de los que logran escapar con vida son hechos prisioneros.

Sólo quedan doce personas sanas, salvas y libres. Logran reagruparse y éstos serán quienes constituirán la primera guerrilla de Sierra Maestra.

Entre ellos se encuentra Ernesto, quien ejerce de médico tanto como de guerrillero.

Como médico tenía a su cargo no sólo a los combatientes, sino también a los campesinos de la región dominada por los guerrilleros Estos últimos le dan más trabajo a Ernesto que los propios combatientes. No obstante, y según declaraciones que haría el propio Guevara más tarde, tenía bastante olvidado su oficio de médico; posiblemente, más aún que la falta de medios se reprochó en muchas ocasiones su falta de preparación.

No obstante, se dio la circunstancia de que, a causa de un trabajo de médico que no de guerrillero, Guevara demostró sus condiciones de jefe de guerrillas: entre mayo y julio de 1957 se le encargó la conducción de un convoy de heridos separado de la columna principal para no entorpecer la mar-

En Sierra Maestra dirigía las acciones más importantes y peligrosas.

cha. El jefe al mando de la expedición era el general Almeida, pero su estado no le permitió asumir el mando efectivo. Y fue Ernesto quien tuvo que asumir la responsabilidad de la conducción. Consiguió en la empresa un éxito total. Logró mantener al enemigo siempre a distancia y no perdió ni a un solo hombre. Las únicas bajas fueron las inevitables a consecuencia de las heridas en el curso del difícil viaje.

En la primavera de 1957, los guerrilleros de Fidel Castro ven crecer sus efectivos humanos con algunas docenas de estudiantes procedentes del «Movimiento del 26 de Julio», y con los pocos campesinos de la región que se incorporan a la guerrilla los combatientes llegan a ser un centenar.

Cuando Guevara regresa de la conducción del convoy, el mando militar de la guerrilla estaba formado por Fidel, Ciro Redondo, Manuel Fajardo, Jorge Sotús, Julio Díaz, Ramiro Valdés y Díaz. Entonces se formó una nueva columna, de la cual fue nombrado capitán Ernesto *Che* Guevara. Tuvo bajo su mando a setenta y cinco hombres. Pero más importante que esto fue que a sus órdenes se encontraban Ramiro Valdés y Ciro Redondo.

Pocos días después, Ernesto obtuvo la graduación de «comandante», de boca del propio Fidel, cuando debía firmar una carta dirigida a Frank Pais, el verdadero cerebro de la insurrección cubana.

Pais morirá posteriormente, en 1957, apresado y ejecutado por los hombres de Batista, después de un intento de golpe de estado en La Habana, frustrado por las fuerzas nacionales.

Para entonces Ernesto, identificado hasta la médula con la causa de Fidel, se había transformado en un cubano guerrillero más y por sus servicios abnegados que habían estado a punto de costarle la vida fue reconocido oficialmente como natural de Cuba, título honorífico que se concretó en el monosílabo «Che» unido a su apellido. Así sus allegados cubanos, a los que no era ajeno el propio Fidel, intentaron acabar, y de hecho lo hicieron con éxito, con las críticas que acusaban al visionario argentino de ser un extranjero que se había entremetido en los problemas internos de la hermosa isla antillana.

Modernos biógrafos como Elmar May, afirman que fue en Guatemala donde Ernesto fue apodado *Che* por primera vez, mote bien acogido por los exiliados cubanos que, con su innato carácter dulce no exento de firmeza, lo preferían por su afectividad al grandilocuente de Ernesto. No sólo el propio valenciano, sino ciento cincuenta leguas y dialectos indios poseen el apodo *Che* para significar hombre; en el lenguaje popular rioplatense es una especie de tratamiento familiar o coloquial que puede traducirse por compadre, muchacho, «tío» (no familiar, sino como en la actualidad se utiliza vulgarmente, aunque siempre con énfasis cariñoso y no peyorativo). No hay nada al respecto que imaginara que Ernesto rechazara este apelativo; muy al contrario, lo fomentó con orgullo hasta el punto de que, estando al frente del Banco Nacional Revolucionario de Cuba, firmaría los billetes de nueva «acuñación» con su apodo de guerra, «Che».

Las condiciones de la sierra tropical no eran las más adecuadas para la salud del *Che*, que casi sufría más ataques de asma que de las fuerzas pro Batista. Los remedios vegetales de hojas exóticas propias del lugar eran lo único que le aliviaba. Siendo el único médico de la expedición tuvo que emplearse a fondo en cualquier «especialidad» para la que lo requirieran. Así, realizó escarceos como dentista. Como comprobaron sus primeras «víctimas», de momento no salió muy bien parado, porque, entre el inadecuado y primitivo instrumental con el que contaba y su nula experiencia en aquellas lides, sus pacientes echaban a correr nada más ver la minuciosa preparación que realizaba el «camarada Che», prefiriendo las balas del ejército batisteño a enfrentarse en el sillón improvisado del amigo. El propio *Che* llegaría a confesar que «a su impericia se añadía la necesidad de ahorrar la anestesia al máximo, por eso la de los narcóticos tenía que ser sustituida, siempre que se pudiera, por la preparación psicológica constante, basada en la intermitente repetición de "lo gallinas que eran los que no se atrevían a dejar su boca en mis manos"», tal como se constata en sus obras: *La guerra de guerrillas* y *Pasajes de la guerra revolucionaria* (La Habana, 1960 y 1963).

CAPÍTULO VIII

LA «SEGUNDA COLUMNA»
DE LA GUERRILLA

La primera operación que el *Che* dirigió personalmente con su segunda columna fue la del ataque a la localidad de Bueyecito.

Guevara, reunido en consejo con sus hombres, decidió que, acompañado de uno de ellos, procuraría sorprender a la guardia del cuartel y que, cuando lo lograra, daría la orden de ataque a los emboscados; la señal sería un disparo al aire.

Cuando Guevara se encontró frente a frente con el centinela, y viendo que éste se hallaba presto a disparar, descargó su cargador con intención de matarle. Pero la primera bala falló y quedó indefenso. El centinela disparó a su vez, pero Ernesto pudo escapar ileso.

Resultó, sin embargo, que el disparo del centinela fue tomado por los emboscados como la señal que esperaban para atacar. Lanzados en tropel, dominaron en pocos minutos a la guarnición. Tomaron a los soldados como prisioneros y obtuvieron del arsenal armas y municiones suficientes para emprender una nueva lucha.

El comandante *Che* Guevara no tardaría en aprender el oficio. Sus idas y venidas por la región de El Hombrito resultaron demasiado llamativas, y Batista decidió terminar con aquella situación.

El 30 de agosto de 1957 el ejército regular del país intentó el cerco de la segunda columna, pero fue derrotado. El *Che* había puesto en práctica una formidable táctica: concentró el fuego en la vanguardia de las columnas enemigas, dando como resultado que ninguno de los que avanzaban en las filas posteriores quería ponerse en primera línea; hasta tal extremo fue oportuna la táctica del *Che* que llegó un momento en que las tropas gubernamentales se negaron en redondo a internarse en la región de Sierra Maestra.

A principios de septiembre, Guevara consiguió una victoria de la que se habló largamente en toda la isla. Puso cerco a la localidad de Pino del Agua y consiguió destruir la guarnición de Batista. Luego se replegó sobre Pico Verde, donde estaba la columna dirigida por Fidel Castro.

A finales de año puede decirse que la zona de El Hombrito estaba completamente bajo control. Por todas partes se habla ya del *Che* como de una figura legendaria.

Será por aquella época cuando se le encomiende a Guevara terminar con los seudoguerrilleros que, bajo ese nombre, campean por Sierra Maestra aprovechándose de la confusa situación en que se halla la región.

Finaliza la época de la guerrilla

Anteriormente ya se ha mencionado a uno de los instigadores de la revolución: Frank Pais.

Fue él el organizador de los comandos estudiantiles de La Habana.

Cuando tuvo lugar el desembarco en la playa de las Coloradas la revolución tenía dos jefes: por un lado Fidel, haciéndose fuerte en Sierra Maestra; por otro, Frank Pais, instigando la lucha desde la capital.

La muerte de Pais a manos de la policía represora cubana evitó el dilema de que, una vez ganada la revolución, hubiera dos jefes igualmente importantes y merecedores del más alto cargo.

Los hombres de Pais atacaron el 13 de marzo de 1957 el palacio del gobierno, en un intento de derrocar al dictador. Como el golpe fracasara, Batista desencadenó una fuerte represión, a la que los estudiantes respondieron con atentados y estallidos de bombas.

Fue entonces cuando Pais fue apresado y asesinado. El hecho tuvo lugar en Santiago, donde Frank se hallaba escondido. El día del entierro del jefe revolucionario, la policía disolvió con violencia el cortejo fúnebre que acompañaba el féretro de Pais.

Esto llevó aparejado que sectores cada vez más amplios de la población civil se volvieran contra Batista. El 9 de noviembre de 1957 explotaron en La Habana más de cien bombas, que pretendían hacer saber a la población que la comarca de El Hombrito, en Sierra Maestra, se había convertido en «zona libre» gracias a un guerrillero conocido con el apodo de *El Che*.

Fue a partir de entonces cuando terminó la fase guerrillera y los combates quedaron sometidos a guerra de posiciones y movimientos estratégicos.

Raúl Castro abrió un segundo frente en las montañas del Norte, en tanto que Juan Almeida se atrevió a lanzar un ataque contra Santiago de Cuba.

El Movimiento del 26 de Julio se había convertido ya en una fuerza nacional.

Batista se dio cuenta de que la lucha era ahora a vida o muerte: o su ejército terminaba con la guerrilla o la guerrilla acabaría con su ejército. Por tanto, movilizó a todas las fuerzas militares de que disponía. En el transcurso del mes de junio de 1958, Batista había conseguido recuperar el noventa por ciento del territorio ganado por los rebeldes.

Fidel Castro tuvo que refugiarse de nuevo en lo más hondo de Sierra Maestra. En el mes de julio, los guerrilleros tomaron de nuevo la iniciativa. A comienzos de agosto, Sierra Maestra volvía a ser zona libre.

A esta victoria militar, Fidel Castro unió otro triunfo: el 20 de julio se reunió en Caracas con representantes de todos los partidos políticos izquierdistas, centristas e incluso alguno derechista, para firmar un pacto de acción conjunta. Los únicos que no firmaron fueron los comunistas, pues desconfiaban de los objetivos políticos que Castro se había propuesto alcanzar.

En Sierra Maestra Fidel confía plenamente en Guevara. Todas las acciones importantes y peligrosas las lleva a cabo su segunda columna. En 1958 esta segunda columna es llamada ya la cuarta columna, pues se ha multiplicado el número de unidades castristas. Cuando se inició la ofensiva final, fueron cinco las columnas de combate que se extendieron por toda la isla. Al frente de aquéllas fueron Fidel, Raúl, Camilo Cienfuegos, Almeida y Guevara.

Ernesto Guevara tuvo la misión de llevar a sus hombres hasta la sierra de Escambray, donde se había constituido una sexta columna, integrada por elementos del directorio estudiantil cubano.

La cuarta columna emprendió la marcha el 31 de agosto. Se dirigió a la zona montañosa de Las Villas, cerca de la costa sur, para posteriormente encaminarse hacia el centro de la isla, siguiendo a Cienfuegos, que había partido anteriormente. El ejército de Batista rehúye la lucha, lo cual alegra al Che, pues está al frente de unos hombres bastante inexpertos debido a su juventud.

Con sus fuerzas prácticamente intactas llega a los suburbios de Santa Clara. Una batalla, casi decisiva, tiene lugar entre los días 29 y 30 de diciembre. La población sucumbe cinco días después. Guevara, además de la ciudad, se apodera de un importante arsenal militar y hace prisioneros a más de un millar de hombres.

Mientras tanto, Fidel, Raúl y Almeida concentran sus esfuerzos en la ciudad de Santiago de Cuba, la cual se entregará sin combatir. Pero, en realidad, el golpe decisivo para que cayera la dictadura de Batista se dio en Santa Clara. El dictador huyó a la República Dominicana el 31 de diciembre, con sus familiares y algunos de sus colaboradores.

Una parte del mando militar intentó constituir un directorio castrense, que no llegó a formarse, ya que Fidel Castro propugnó una huelga general que fue seguida por toda la población y dispuso que todas sus fuerzas marchasen en dirección a La Habana.

CAPÍTULO IX

EL MOMENTO DEL TRIUNFO
HA LLEGADO

El 3 de enero de 1959, Camilo Cienfuegos y Ernesto *Che* Guevara de la Serna llegan a La Habana por mar. Inmediatamente toman posesión de las fortalezas de La Cabaña y Columbia.

Mientras tanto, Fidel Castro recorre la isla de una parte a otra, desde Santiago a la capital, parándose a pronunciar discursos en cada localidad de alguna importancia. Los soldados del ejército regular se van rindiendo. Varios miles de voluntarios se suman a la columna de Castro.

El día 5 de enero cinco países latinoamericanos reconocen el nuevo Gobierno. Manuel Urrutia, juez de la Corte Suprema, jura el cargo de presidente provisional de Cuba. El día 7 los Estados Unidos reconocen al nuevo Gobierno.

Al día siguiente, 8 de enero, Fidel Castro hace su entrada triunfal en La Habana. Sin concederse descanso, anuncia sus principales medidas de gobierno. El día 16 de enero, después de que los Estados Unidos designen nuevo embajador en Cuba, Fidel Castro asume las funciones de primer ministro.

En ese momento comenzaba para los revolucionarios lo que Guevara denominó «el fatigoso trabajo político».

Es cuando para Ernesto Guevara empieza la época más difícil de su vida, ya que habrá de llevar una existencia semejante a la del resto de los mortales: se levantará cada día a la misma hora, deberá resolver problemas y volverá a acostarse, convencido en su fuero interno de que ha desperdiciado un día maravilloso que no podrá recuperar.

No es hasta el día 27 de enero cuando Guevara empieza a definirse ante la opinión pública políticamente. Lo hace en una conferencia celebrada en los locales de «Nuestro Tiempo», una de las organizaciones integradas en el «frente unido» que eran controladas por los comunistas.

Durante el discurso, Guevara promete una amplia reforma agraria de rápida ejecución. Habla, sobre todo, de la guerrilla como estrategia y como único medio para el logro y conservación de los avances sociales y, finalmente, expone la tesis de que la revolución no se puede limitar a la nación cubana sino que se puede exportar a otros países que la necesiten.

No pronuncia la palabra «socialismo», aunque sí se puede extraer del contexto: Ernesto se limita a programar realizaciones prácticas en favor de la clase menos favorecida, el campesinado sin tierra.

El primer discurso político del *Che* no fue muy halagüeño para los que esperaban encontrar en ese hombre a un teórico marxista. En cambio, no defraudó a quienes esperaban encontrar en el *Che* a un hombre llano, espontáneo y entregado a la lucha contra la injusticia.

Anteriormente a estas declaraciones, en agosto de 1958, en Sierra Maestra, el *Che* había dado su opinión política a un periodista argentino. Le confesó entonces que el movimiento no era comunista. Para él, la revolución era exclusivamente cubana. Políticamente se definía como nacionalista revolucionario y, sobre todo, antiyanqui, en la medida en que los yanquis fueran antirrevolucionarios. Incluso dos años después, cuando ya resultaba evidente la identificación del régimen con los comunistas, Guevara repetía que habían descubierto los caminos del marxismo por sus propios medios.

El Che *participaba con el pueblo en la zafra de la caña azucarera.*

La estrategia guerrillera

Guevara aprendió mucho sobre la guerrilla durante la época de Sierra Maestra.

Numerosos testimonios dan fe de que fue un hombre duro, intransigente y severo. Los rebeldes admiraban su estoicismo. El *Che* sabía compartir las privaciones de la tropa; resistía, a pesar de su asma, las caminatas más largas, marchando siempre al frente de sus hombres. Entregaba de forma equitativa a cada combatiente los regalos que recibía de los campesinos, y rechazaba toda distinción personal por su cargo o jerarquía. Era muy duro con la disciplina, pero no sólo la imponía sino que era el primero en acatarla.

Parece ser que Carlos Rafael Rodríguez, un dirigente comunista, le había entregado en Sierra Maestra los escritos de Mao Tse-tung sobre la lucha guerrillera en China, que sirvieron después para que Guevara escribiera su libro *Guerra de guerrillas,* publicado en 1960.

En este libro, Guevara explica las conclusiones a que le llevaron sus experiencias como luchador en campo abierto. En posteriores escritos modificó ciertos aspectos de su tesis, pero siguió manteniendo en lo esencial lo expuesto en *Guerra de guerrillas.*

Buena parte del libro trata de cuestiones militares: instrucción física y moral del combatiente, tácticas de maniobra, etc.

Pero la parte más importante es la que expone que «la guerrilla es más que una forma de revolución: es la Revolución, con mayúscula». Para Guevara, las fuerzas populares pueden ganar cualquier guerra contra un ejército regular. En la lucha revolucionaria tiene tanta importancia la participación del campesinado como la del proletariado urbano. Pero, sobre todo, como en los países latinoamericanos la masa campesina es numéricamente más importante, su intervención en una lucha insurreccional resulta decisiva, arguyendo, además, que en el campo las condiciones son más favorables que en las ciudades, ya que la población se ve apoyada por los guerrilleros, y en situaciones difíciles se puede buscar refugio en lugares inaccesibles para las fuerzas regulares.

Por otro lado, Guevara apoya la lucha del campesinado: la revolución, apoyada por una base ideológica de la clase que sea, debe aspirar a la propiedad de la tierra, ya que ésta constituye la base económica de un país.

En las consideraciones sobre la guerrilla permanente como «vanguardia de la revolución» y en la preparación y mimo de ésta, el *Che* está más cerca de Trotsky que del propio Lenin o Stalin. Sin embargo, su afirmación de que su triunfo será irresistible donde quiera que se enfrente por potente que sea el ejército adversario, provoca muchas controversias. Si pone por ejemplo su espectacular triunfo en Cuba, hay que señalar que el ejército de Batista, cada vez más desmoralizado, se fue descomponiendo por su corrupción interna, y muchos de sus oficiales y soldados se fueron pasando a los castristas cada vez en mayor número. Cuando esto ocurre, como ocurrió en la Revolución Francesa, en Rusia o en China, entonces sí que a plazo más o menos largo la revolución triunfará.

El propio Batista, que en los años 30 al 40 había sido un sargento radical y reformista con considerable dedicación y aplicación al cargo, después se tornó perezoso y cínico, exclusivamente preocupado en hacer fortuna. Fue entonces cuando la oposición a su régimen la iniciaron como tantas veces intelectuales y profesores universitarios a los que acompañaron pronto jóvenes idealistas veinteañeros. Fue un calco de la desarrollada anteriormente contra el dictador Gerardo Machado.

Como otras veces, los EE.UU. se situaron en una posición ambigua. Si confiaban en Batista por haber sido su aliado en la Segunda Guerra Mundial y conocían su habilidad para deshacerse de los comunistas, empezaron a escandalizarse por los métodos brutales de su policía, la debilidad de su Ejército y la corrupción administrativa. Fue Bautista el que cavó su propia tumba, fijando las premisas para el triunfo de la revolución. En 1958 los EE.UU. abandonaron al antiguo sargento a su suerte e incluso le presionaron para que cediera sus poderes a un Gobierno democrático centrista. Batista dio largas. Por último, decidió huir sin explicar sus intenciones a los norteamericanos. El camino final para Castro quedaba por completo expedito. La guerra había costado a Cuba unos mil muertos, aunque esta cifra se exageró posteriormente. Como dice Hugh Thomas, «lo que luego ocurrió fue tan imprevisto como sin precedentes».

CAPÍTULO X

CHE GUEVARA, ESTADISTA

En junio de 1959, Castro envió a Guevara en una Misión Oficial Cubana al Medio y Lejano Oriente. Esta misión tenía como objetivos principales efectuar una especie de «propaganda cubana», por un lado, y por otro, intentar vender azúcar a los países visitados.

Aunque lo que pretendía Fidel, en realidad, era alejar a Ernesto de La Habana, pues sin duda sentía ciertos recelos de un hombre a quien todos consideraban como el más izquierdista de sus colaboradores.

La Misión al Tercer Mundo la presidía el comandante Guevara y estaba integrada por el capitán Omar Fernández, el economista Salvador Vilaseca, el teniente Argudín, «Pancho» García, «El Patojo» y José Pardo Llada.

Hicieron una breve escala en Madrid y pasaron seis días en El Cairo, para ir posteriormente a la India. De Nueva Delhi, después de las visitas oficiales, partieron para Indonesia y de allí fueron a Japón, adonde llegaron el 16 de julio. El día 26 de este mismo mes, primer aniversario del asalto de Fidel al cuartel de Moncada, lo pasaron en Tokio. Guevara intentó comunicarse con Fidel durante todo el día sin conseguirlo.

Finalmente, y después de un viaje que sólo sirvió para mantener alejado a Ernesto de Cuba durante un buen tiempo, la Misión Cubana regresó a La Habana el 7 de septiembre.

La posición de Fidel en la isla se hallaba sólidamente asentada. En verdad, se puede decir que la revolución ha hallado a un líder indiscutible en la figura de Fidel Castro.

Y también en el aspecto de política internacional Fidel tiene muy claras sus ideas.

Se ha afirmado que, en el fondo, las relaciones entre Fidel y el *Che* nunca fueron muy cordiales. Entre ellos existía un choque de personalidades: mientras Fidel era extrovertido e inquieto, Guevara, al contrario, era introvertido, tranquilo...

Los Estados Unidos rompen las relaciones con Cuba

Hasta mayo de 1959, las relaciones entre los Estados Unidos y Cuba habían sido relativamente cordiales. Castro había sido invitado a visitar el país por la Sociedad de Editores de Periódicos de los Estados Unidos. Aquella visita fue el origen de los primeros enfrentamientos, pues en las conferencias públicas que pronunció y en las entrevistas que mantuvo con el vicepresidente, Richard Nixon, Castro reveló ciertos aspectos de la orientación económica que pretendía dar a Cuba.

El 2 de mayo, Fidel visitó Buenos Aires, donde propuso ante la Comisión Interamericana para la Lucha contra el Subdesarrollo que los Estados Unidos aportasen una ayuda de treinta mil millones de dólares, cuya petición no fue apoyada por los demás gobiernos hispanoamericanos, cosa que a Fidel disgustó sobremanera.

El 17 de mayo, Fidel promulgó en Sierra Maestra la ley de la reforma agraria, tomándose la revancha, donde fijó un límite de cuatrocientas hectáreas a los propietarios agrícolas.

Esto fue el detonante para el rompimiento con los Estados Unidos. La cotización de los valores azucareros cubanos se desplomó, y en los periódicos neoyorquinos se habló, por primera vez, de Castro como «agente del comunismo internacional». En Cuba dimitieron los cinco ministros que representaban a los partidos moderados.

Durante la ausencia de Guevara de Cuba, en su viaje por Oriente, la oposición derechista cubana desencadenó una violenta campaña contra Fidel, que supo repeler después de promulgar una huelga general.

En el campo internacional, Castro también supo mantener su firme posición.

Los Estados Unidos habían pensado que al negarle las compras de azúcar a Cuba, este país quedaría rendido por el hambre. Pero no contaban con que Fidel Castro anunciara que la URSS compraría trescientas mil toneladas de azúcar a Cuba.

Fue a partir de este momento cuando la revolución cubana perdió su carácter de rebelión nacionalista para mostrarse ante el mundo como marxista convencida.

La presidencia del Banco Nacional

Antes de iniciar el viaje por Oriente, Guevara había contraído nuevo matrimonio con Aleyda March, cubana de nacimiento. Parece ser que Ernesto se divorció de su primera esposa, la peruana Hilda Gadea. Lo cierto es que pocos días antes de partir, Guevara se había vuelto a casar con una mujer muy atractiva —a diferencia de su primera esposa— que había sido maestra de escuela en Encrucijada en la provincia de Las Villas.

De regreso a Cuba, Fidel anuncia a Guevara que se hará cargo del departamento industrial del Instituto Nacional de la Reforma Agraria.

Más tarde, Ernesto se hizo nombrar ministro de Industria, cuando la empresa privada comenzaba a pasar a manos del Gobierno.

Apenas transcurrido un mes y medio de su nombramiento como director del departamento del INRA, Castro le confió un puesto de mayor responsabilidad todavía: la dirección del Banco Nacional.

Durante los años 1961 y 1962 Ernesto alcanzó la mayor influencia que nadie había tenido en Cuba.

Además de presidir el Banco Nacional, dirigía personalmente los ministerios de Gobernación, Comunicaciones, Obras Públicas, Transportes y Comercio Exterior e Interior a través de sus empleados. Su influencia sobre Raúl Castro, nombrado ministro de Defensa, era total. Y a partir de 1962 controló el Ministerio de Relaciones Exteriores y supervisó directamente las actividades de la Policía Política.

No obstante, Guevara no se llamó a engaño durante todo este tiempo. Era consciente de su propia ignorancia y sabía que cometía innumerables errores. Sin embargo, no se angustiaba por ello. Penetró en el desconocido terreno con su audacia habitual, pero dedicaba muchas horas al estudio de las materias que trataba.

Un esbozo del horario habitual del *Che* en un día de trabajo podría ser el que sigue:

Se levantaba sobre las diez de la mañana, para dirigirse al Campo Aéreo de Columbia, donde tomaba clases de vuelo.

Hacia las doce almorzaba en las oficinas del INRA. Sobre la una y media recibía clases de Economía, atendidas por el profesor Salvador Vilaseca.

A las tres de la tarde llegaba al Banco, donde se dedicaba a atender visitas hasta las cinco o las seis de la madrugada, hora en que se retiraba a descansar.

El *Che* prefería recibir a sus íntimos a partir de las dos de la madrugada, pues decía que era a partir de esa hora cuando su asma le permitía encontrarse mejor. Entonces pedía a su esposa Aleyda que preparara «mate» y pasaba largas horas conversando con sus amigos, especialmente con Alberto Granados, «Canica» Ferrer y Ricardo Rojo. En Cuba se decía que el hombre que más influía en el *Che* era, precisamente, Alberto Granados, su fiel amigo.

CAPÍTULO XI
NUEVO VIAJE

Ernesto *Che* Guevara emprendió un nuevo viaje el 21 de octubre de 1960. Visitó, al frente de la delegación que le acompañaba, Checoslovaquia, la URSS, China Popular, Corea del Norte y Alemania Oriental.

El viaje no tenía otro motivo que el de cerrar tratos comerciales y realizar intercambios culturales. Resultó de lo más fructífero.

En Praga logró suscribir con Novontny un pacto de comercio y de intercambio cultural.

Consiguió vender a la Unión Soviética nada menos que tres millones de toneladas de azúcar, cantidad que sobrepasaba con mucho la anunciada por Fidel. También regresaría del viaje con la promesa por parte de la URSS de que asegurarían a Cuba la entrega de aquellas mercancías que no podrían conseguir en ninguna otra parte.

En Pekín, después de varias entrevistas con Mao Tse-tung, Guevara firmó un tratado de cooperación económica y un acuerdo de asistencia científica y técnica.

Sin duda alguna Guevara volvió profundamente impresionado de lo que había observado durante el viaje. Había visto el enorme potencial de la Unión Soviética, conseguido gracias a que el país había podido trabajar en paz dentro del sistema inaugurado por Kruschev, el sistema de coexistencia pacífica con los países no socialistas.

Pero en la China Popular también había podido contemplar otra visión del socialismo, la cual también había conseguido la transformación interna desde unas condiciones iniciales que habían sido un tanto parecidas a las de Cuba, aislada desde el principio de la revolución. Por otra parte, China mantenía una tesis revolucionaria que se oponía claramente a la doctrina teórica preconizada por la URSS.

Aquellas contradicciones hicieron mella en Guevara, y determinaron el carácter inseguro de la postura que adoptó el *Che* a partir de 1961: intentó transformar la economía cubana de acuerdo con los modelos soviéticos, aunque fracasó; por otro lado, sus ideas en cuanto a la revolución fueron tomadas de Mao.

Guevara hablaba en los foros internacionales representando al nuevo régimen.

CAPÍTULO XII

FRACASA LA INVASIÓN ESTADOUNIDENSE

Las relaciones diplomáticas entre los Estados Unidos y Cuba se rompieron definitivamente el 3 de enero de 1961. El día 20 de aquel mismo mes tomó posesión del cargo de presidente de los Estados Unidos John F. Kennedy, de tendencia progresista.

En Cuba se pensó que después del relevo del presidente en la White House podían mejorar las relaciones entre los dos países. No obstante, los pocos viajeros que se trasladaban desde el aeropuerto a la capital cubana podían observar el clima de tensión reinante en el país: camiones llenos de soldados uniformados transitaban la carretera en un ir y venir que demostraba a las claras que la situación no era de calma sino todo lo contrario.

Uno de los viajeros era Ricardo Rojo, recién llegado de Nueva York, después de renunciar al puesto en la Embajada argentina en Alemania que para él había conseguido Frondizi.

Llegaba a Cuba para visitar a su amigo de correrías, a quien no veía desde 1955.

Guevara recibió a Rojo con grandes muestras de satisfacción; cuando se enteró de que su amigo había hecho una escala de tres semanas en Nueva York se interesó vivamente por conocer la opinión del ciudadano de a pie neoyorquino sobre la ruptura de relaciones con Cuba.

Rojo le comunicó que la opinión pública norteamericana estaba convencida de que podía esperarse lo peor de Cuba; se pensaba incluso que la isla podía servir de puente para un ataque soviético.

Ernesto se mostró receloso de la buena fe que podía tener Kennedy. En La Habana se tenía información detallada respecto a cómo andaban los planes de invasión por parte de los Estados Unidos. Por ejemplo, en Guatemala, la instrucción de un cuerpo mercenario iba muy adelantada. Lo que cabía averiguar era hasta qué punto Kennedy iba a sacrificar su buena fe oponiéndose a los poderosos que trabajaban en Wall Street.

El desembarco en Playa Girón

Se sabía que en la provincia de Las Villas, en la sierra de Escambray, habían aparecido unos nuevos guerrilleros, pero esta vez, a diferencia de cuando por allí pululaba la segunda columna del *Che,* éstos eran de signo anticastrista.

En la prensa de los Estados Unidos se hablaba de un verdadero ejército formado por miles de hombres, bien armados, que estaban aguardando un desembarco para pasar ellos a la acción.

El clima en Cuba era tenso. El país vivía inmerso en una expectante angustia.

El *Che,* por su parte, como buen experto en la materia, opinaba que los insurgentes no eran más de doscientos, pero aun así sabía que ellos mismos no habían sido en un principio más de doce, por lo que no cabía despreciarlos.

Y no lo hizo. Unos quince mil milicianos del gobierno rastrearon el país, aunque sin conseguir dar con los insurgentes.

¿Qué podía ocurrir cuando se produjera el desembarco? Guevara recordaba el fracaso ocurrido en Guatemala, cuando era presidente Arbenz. Y, por encima de todo, estaba decidido a que no sucediese lo mismo, por lo que se empezó a adoctrinar a las milicias campesinas. Guevara presidía personalmente aquel trabajo. Estaba convencido de que acabarían por aprender. Pero contra lo que no podía luchar era contra la psicosis que se iba apoderando de la población. Aquello también le recordaba a Guatemala. Y estaba deseando que el desembarco se produjera lo antes posible, pues la economía cubana estaba sufriendo un duro revés, ya que la mayoría de los campesinos habían cambiado su arma de trabajo por el arma de guerra.

Finalmente, el 16 de abril de 1961 se produjo el desembarco. Unos miles de cubanos anticastristas, instruidos en campos de Centroamérica, desembarcaron en la isla, provistos de armamento, carros y artillería ligera.

El desembarco se debía realizar bajo la protección de cazabombarderos que despegarían de un portaaviones norteamericano, los cuales debían llevar los emblemas de la aviación cubana para simular que procedían de bases de la propia isla sublevadas contra el régimen de Castro. Pero los cazabombarderos no llegaron a tiempo, por un problema tan estúpido como el de los husos horarios. El comandante del portaaviones no tuvo en cuenta que el meridiano de Playa Girón y el del punto por el que cruzaba su navío correspondían a distinta hora, por lo que no se le ocurrió adelantar su reloj sesenta minutos.

Los desembarcados soportaron una violenta reacción de las fuerzas castristas. Fueron ametrallados desde el aire por los bombarderos cubanos, y atacados desde tierra por la artillería y unidades blindadas.

De los invasores apenas llegaron a ponerse a salvo unos doscientos hombres, mientras que más de mil murieron o cayeron prisioneros.

Fidel propuso entonces a los Estados Unidos el canjeo, mejor dicho, la venta de los prisioneros. De la tranza pudo beneficiarse Cuba, pues los Estados Unidos pagaron bien para recobrar la libertad de los prisioneros.

En la acción de repeler la invasión auspiciada por los EE.UU., el *Che* había dejado la burocracia gubernamental que tanto le atosigaba y tomado de nuevo las armas en busca de la aventura que tanto amaba. Una vez más resultó herido. Sus hombres ya no iban mal equipados como en Sierra Maestra, sino que estaban excelentemente armados y entrenados y las dificultades para detener la agresión fueron mínimas. El propio *Che* manifestó a los cuatro vientos «que los EE.UU. habían hecho un gran favor a la revolución cubana». Estaba en lo cierto: muchos indecisos se inclinaron entonces por el programa castrista antes de que existiera la posibilidad de caer de nuevo bajo el colonialismo yanqui. Por su parte, los norteamericanos, con su carismático pero pronto malogrado presidente Kennedy, sufrieron un duro revés y pérdida de prestigio, en especial en cuanto a su programa de «Alianza para el Progreso» de la América Latina.

El *Che* tuvo nueva compañera de lucha que conociera en la Sierra. Se trata de una joven cubana a la que sus contemporáneos alaban como de singular belleza, maestra de profesión y que se llamaba Aleyda March de la Torre, otra idealista por la causa, que se había presentado como voluntaria para suministrar provisiones a los guerrilleros.

Sus orígenes familiares eran nobles, y a los veintidós años ya era una experta revolucionaria fidelista que había servido a su movimiento en varias misiones arriesgadas y comprometidas. Finalmente, decidió unirse a los guerrilleros y desfilar fusil al hombro, codo con codo al lado del que esta vez puede denominarse su marido, puesto que contraería matrimonio civil con Ernesto *Che* Ghevara.

Hilda confesará más tarde: «Perdí a Ernesto primero por la revolución, pero es mucho más amargo y humillante perderlo ahora por otra mujer.» Los motivos de la ruptura sentimental no están suficientemente claros y es probable que se debieran a las circunstancias y al hecho coyuntural de que Aleyda ocupara pronto el puesto de secretaria o principal colaboradora, junto al *Che*. Lo cierto es que Ernesto, aunque con alguna fricción como veremos más tarde, se preocupó de proporcionar a Hilda acomodo en La Habana, así como de velar por la educación de sus hijos, si bien siempre desde lejos. Hilda supo seguir abriéndose camino en la vida como mujer fuerte que era, especializada en temas del Tercer Mundo, singularmente asiáticos, por sus viajes a China y sin dejar de olvidar el coloso de Oriente: el Japón.

CAPÍTULO XIII

EL *CHE*, COMO ECONOMISTA

En febrero de 1961 Fidel Castro había nacionalizado toda la banca privada. Todas las actividades en ese campo fueron absorbidas por el Banco Nacional, aunque paradójicamente disminuyó la importancia de éste, ya que las cuestiones de presupuestos y financiaciones pasaron a depender del Ministerio de Hacienda. Entonces se creó un nuevo departamento ministerial: el de Industria. Ernesto se hizo nombrar ministro de ese departamento el 23 de febrero de 1961.

En su nueva etapa gubernamental, Ernesto tropezó con bastantes dificultades, tales como escasez de mano de obra provocada por la movilización militar (en esa época el conflicto con los Estados Unidos todavía no había tenido lugar), y falta de un programa de planificación.

Cuando emprendió su tarea, Ernesto se inspiró en una teoría leninista: la del «hombre nuevo», la cual preconiza que la construcción del socialismo exige que el trabajador sea estimulado por la satisfacción de participar en el trabajo común.

Y pretendió ponerla en práctica. Así, durante la época de la recogida de la cosecha de caña, por ejemplo, convenció a más de tres mil personas, entre funcionarios, obreros, secretarias, comerciantes, que faltaba mano de obra para recoger la cosecha y se llevó a todos estos voluntarios a las plantaciones de caña. El mismo ministro de Industria, Ernesto Guevara, estuvo trabajando de sol a sol, sin desfallecer un solo momento.

El éxito de aquella experiencia y el de otras parecidas hicieron que Ernesto pensara que la fórmula adoptada podía ser el remedio de todos los males que afectaban a la economía cubana, por lo que creó la Orden de los «Héroes del Trabajo» y profetizó que en cuatro años de labor voluntaria cambiaría completamente la economía del país. Se trataba, además, de ampliar la producción con nuevos terrenos roturados a tal fin. Pero Ernesto no se dio cuenta de que unos terrenos recién roturados no podían rendir lo mismo que los ya trabajados. Y no se pudieron cumplir los compromisos de venta de azúcar a los países del Este.

Pero esto no desanimó a Guevara: si en agricultura había fracasado, si Cuba tenía una considerable deuda externa, sin embargo el país sería capaz de producir lo necesario para subsistir. Por otro lado, estaba convencido de que no sucedería lo mismo con la industria.

Guevara predijo que en el mismo 1962 quedarían dobladas las cifras de producción eléctrica, y que antes de 1965 se doblarían las correspondientes al cemento. Se instalarían fábricas textiles con ayuda de Alemania del Este y astilleros navales gracias a los técnicos que ofrecía Polonia. Las refinerías de petróleo serían ampliadas; además, se crearía una industria farmacéutica e incluso otra de electrodomésticos.

Para ello debía poner en marcha una severa política de centralización. El 5 de junio de 1961 anunció en un discurso que se debían unificar todas las fuerzas revolucionarias en un solo partido.

Pero el control del nuevo Partido Socialista Popular, no fusionado por Guevara sino por el propio Fidel, en un intento de no dejar que Ernesto tuviera más poder que él, frenó todos los intentos del ministro de Industria.

Ernesto tuvo que acatar las decisiones del Partido, so pena de ser tachado de desviacionista y de ir en contra del Gobierno, pero no se calló las críticas a la burocracia como válvula de escape para su propio inconformismo.

La lucha que mantuvo Ernesto con el Partido salió a la superficie a mediados de 1963, debido a la calamitosa situación económica por la que atravesaba la isla. La gestión del *Che* al frente del Ministerio de Industria fue objeto de numerosos ataques, cada vez más cruentos. Realmente, había fracasado tanto en la planificación agraria como en la industrial, aunque quizá no tanto en la primera como en la segunda.

Ante la desastrosa situación, el equipo creado por el propio Guevara en 1962, la Comisión económica para la reforma industrial, acuerda someter a revisión la política económica en su conjunto. Ernesto fue el primero en reconocer sus errores y aceptó que no podía seguir adelante con el experimento de industrialización. Reconoció que había fracasado sobre todo al haber descuidado el cultivo de la caña; en no tener previsto que buena parte del equipo importado de los países socialistas era inadecuado a las condiciones de la isla; en haber confiado demasiado en las cifras estadísticas y en haber empeñado grandes esfuerzos y mucho dinero en la fabricación de artículos que podían haberse importado fácilmente del extranjero.

Nueva orientación económica

El propio Fidel Castro comunicó al país la nueva orientación económica. Indicó que la decisión había sido tomada por acuerdo unánime de todos los ministros: por un período de diez años la economía de la isla tendría como base la agricultura, ya que la exportación de productos azucareros serviría para financiar el plan de industrialización. También se daría un trato preferente a la actividad ganadera.

El *Che* acató la nueva situación, pero sintió una profunda sensación de fracaso. Poco a poco iría dejando de lado sus actividades económicas para dedicarse a otros menesteres, tales como difundir sus ideas revolucionarias por todas partes.

Comenzaba para él una nueva etapa, en la que los viajes se sucederían uno tras otro.

El centro del pensamiento guevariano consistía en despertar y consolidar una nueva conciencia revolucionaria que él consideraba el entramado psicológico para la formación del hombre nuevo y desinteresado miembro de la nueva sociedad socialista. Tal objetivo enraiza de tal manera en su ser que pasa por encima de cualquier exigencia familiar o personal siendo para él lo único que daba sentido a su vida. En cierta ocasión Aleyda le solicitó el coche oficial para poder hacer la compra: «No puede ser —le contestó Ernesto—, ya sabes que el coche no es mío sino que pertenece a la revolución.»

Una vez en el gobierno, lo pudo tener todo, pero continuó viviendo como antes. Su piso poseía sólo lo imprescindible. Su austeridad fue siempre franciscana; incluso su madre, que compartía con gusto casi toda su ideología, llegó a lamentarse a veces de que no tuviera más que lo imprescindible y, aunque por la falta de confort llegaba a padecer por su precaria salud, por lo menos, pensaba, como marido y padre, debería atender mejor a las necesidades familiares.

Las biografías casi pasan por alto la ideología religiosa del revolucionario y su conducta en las restricciones que poco a poco le fueron impuestas a la Iglesia cubana, primero tan favorable a Fidel y después tan reticente cuando éste hizo profesión de fe marxista.

Tomando contacto con el mundo árabe en su visita a Nasser.

CAPÍTULO XIV

UN EMBAJADOR DE LA REVOLUCIÓN

El primer viaje del *Che* como embajador de la Revolución se produjo en agosto de 1961. Fue como representante del Gobierno cubano a la Convención de Punta del Este, en Uruguay, para estudiar el plan «Alianza para el progreso» propuesto por Kennedy.

Este plan consistía fundamentalmente en ofrecer a los países hispanoamericanos ayuda de tipo técnico y financiero, pero con la condición de que todo el pueblo se beneficiara de la ayuda y no sólo las clases oligárquicas. Kennedy, después del fracaso del desembarco en la Playa de Girón pretendía reconquistar la influencia perdida por los Estados Unidos en los países hispanoamericanos.

Cuba no había querido desaprovechar aquella ocasión de reemprender, si las circunstancias resultaban propicias, el diálogo roto con su poderoso vecino norteamericano. Por otro lado, los dos países más grandes de Iberoamérica estaban en aquel momento gobernados por hombres de tendencias progresistas, tales como Quadros y Frondizi, en Brasil y Argentina, respectivamente, y Castro no quería desaprovechar la ocasión que se le brindaba en Punta del Este de entrar en contacto con estos dos países

Ernesto acudió a la cita acompañado de cuarenta y cuatro consejeros económicos, diplomáticos y gente de su escolta. Había hecho avisar a sus padres, a los cuales no veía desde 1953, para que se reunieran con él en Montevideo.

Pese a ser en aquellos momentos Uruguay uno de los países más progresistas de todo Hispanoamérica, las autoridades locales recelaban ante la llegada del *Che*, por lo que desplegaron un amplio aparato policial para repeler, en caso de que se produjera —y se produjo—, alguna manifestación en favor de Cuba.

Guevara desplegó en Punta del Este una actividad increíble, a pesar de sus continuos ataques asmáticos. Intervino en las reuniones plenarias de la Conferencia, aunque mantuvo una postura bastante reservada, pues en su discurso inicial no desplegó una clara ofensiva contra los Estados Unidos, lo cual era esperado por todos los asistentes a la Asamblea.

Pero aquella postura reservada tenía su explicación en que, poco antes, había llegado a sus oídos que tanto Frondizi como Quadros querían entrevistarse con él secretamente. Ernesto no quería adoptar una postura radical e irreversible antes de conocer lo que podía resultar de aquellas entrevistas a nivel reservado.

El 18 de agosto de 1961 salía del aeropuerto de Montevideo una avioneta en la cual viajaba el *Che*, Aja Castro —un cubano de la expedición— y el argentino Carretoni, quien había sido el intermediario entre Guevara y Frondizi.

El presidente Frondizi recibió a Guevara en su residencia de Olivos. La entrevista duró aproximadamente una hora y media. En ella, Guevara intentó convencer al presidente argentino de que debía oponerse a cualquier inversión de los Estados Unidos en el país. Frondizi, por su parte, objetó que ningún pueblo americano toleraría que Cuba se integrara en un sistema militar tal como el Pacto de Varsovia. Ernesto expuso sus argumentos basándose en la idea de que los países socialistas no eran imperialistas como los yanquis y respetaban la independencia de los países amigos, y que cualquier tipo de ayuda militar que pudieran recibir de ellos dejaba totalmente a salvo la libertad de acción, al contrario que los Estados Unidos, que cuando daban algo pretendían recobrar lo prestado por triplicado.

Frondizi preguntó al *Che* sobre la posibilidad de que Cuba volviera poco a poco a un sistema democrático, a lo cual Ernesto respondió que en Cuba no se pensaba dar ni un solo paso atrás respecto a lo ya andado.

La entrevista, a pesar de que no llevó a ningún acuerdo tácito, se desarrolló en términos cordiales. Frondizi invitó al *Che* a almorzar en su propia casa y éste aceptó gustoso.

Ésa sería la última visita de Ernesto Guevara de la Serna a la tierra que le vio nacer. Aprovechó la circunstancia para visitar a una tía suya que estaba a punto de morir.

Pero aquella visita del *Che* a Argentina, que se había pretendido mantener oculta, fue conocida por todo el país. Consecuencia de ella fue la dimisión del ministro de Asuntos Exteriores, aduciendo que la entrevista entre el presidente y el comunista se había montado a sus espaldas, aunque en realidad estaba convenientemente informado. No obstante, la derecha de país no perdonó a Frondizi, quien al cabo de unos meses fue derrocado por un levantamiento militar.

Quadros fue, de alguna manera, la segunda víctima del paso de Guevara por Punta del Este. Como Quadros se hallaba muy amenazado por la opinión derechista de su país, quiso conseguir que los izquierdistas se pusieran de su lado, por lo que condecoró a Guevara con la Orden Nacional del Crucciro del Sol, lo cual le costó la presidencia de su país.

Los últimos días de la visita de Guevara a Punta del Este también fueron conflictivos. Se atentó contra su vida en un mitin organizado por los estudiantes de Montevideo, y aunque él resultó ileso, murió un profesor y numerosos estudiantes resultaron heridos.

Otra misión de carácter diplomático

A finales de agosto de 1962 el *Che* inició una segunda visita a la Unión Soviética.

En ese viaje, Guevara iba dispuesto a pedir unos créditos, pero se encontró con que Moscú le ofreció una colaboración militar incondicional e ilimitada. Ernesto no quiso desaprovechar la ocasión de convertir a Cuba en una gran potencia, aunque fuera a pequeña escala. Pensó que si ofrecía a Cuba un poderoso armamento con el cual poder hacer frente a los Estados Unidos quedarían olvidados sus pequeños fracasos en el terreno económico.

Pero no salió con bien de aquello. Al poco tiempo, después de muchas conversaciones telefónicas entre las dos grandes potencias, se desmantelaron las bases cubanas dotadas con misiles rusos.

Ernesto no perdonó nunca a Moscú lo que consideró como traición al movimiento revolucionario mundial e incluso a su propia persona.

A partir de aquella visita a Moscú, quien viajaría a la URSS en visitas oficiales sería el propio Fidel. Éste se había dado cuenta de que había llegado la hora de la coexistencia pacífica y se dispuso a seguir aquel camino. Se declaró dispuesto a reanudar las negociaciones con los Estados Unidos y se proclamó neutral en el conflicto chino-soviético.

Mientras tanto, Ernesto seguía con su política de no querer enfrentarse con el aparato gubernamental cubano, aunque en su fuero interno se iba perfilando ya lo que él creía la única solución posible: la idea de aplicar su fórmula argumentada en su libro *Guerra de guerrillas* a todo el continente iberoamericano.

Aunque en 1960 Guevara manifiesta que la Revolución «no era un artículo exportable», pronto matiza el sentido y cambia de parecer tras afirmar que «era la necesidad más perentoria de casi toda América, África y Asia, en donde la explotación había alcanzado dimensiones inimaginables. Cuba era la vanguardia de la revolución en América y como tal ha de ofrecer su sacrificio por haber asumido este papel para mostrar a las masas del continente el camino hacia la libertad plena»... «La América Latina necesita dos, tres, muchos Vietnam», solía decir.

El primer intento del *Che* de exportar la Revolución, o por lo menos el primer planteamiento, fue el de hacerlo a Panamá, después a Nicaragua y a la República Dominicana, y finalmente a Haití. En la práctica todos se saldaron con el fracaso. El carácter de Ernesto no podía doblegarse y entonces fue cuando puso los ojos en América del Sur y en particular en su patria, Argentina. Pronto veremos cómo hubo de abandonar la idea, mas para que así fuera necesitó la práctica de experimentar la derrota personalmente.

Y después sería el Congo. De allí saltará a Bolivia en busca de perpetuar «la revolución permanente», otra vez Trotsky. Cada vez más alejado ideológicamente del gobierno cubano que con tanto afán y dedicación impulsó al poder.

La posibilidad de victoria de las masas populares de la América Latina para el *Che* se halla claramente determinada por la guerra de guerrillas, con el soporte del ejército campesino, la unión de los trabajadores con los habitantes de las zonas rurales, la derrota del ejército regular en un choque frontal, la conquista de la ciudad desde el campo y la disolución de las tropas enemigas como primera etapa de la eliminación total de la supraestructura del anterior poder colonial.» Al igual que sucedió en Cuba, el *Che* creía que en el resto de países iberoamericanos y otras zonas del globo existían las condiciones previas para transformar la sociedad y el Estado.

CAPÍTULO XV

GUEVARA PROYECTA LA GUERRILLA EN ARGENTINA

Ricardo Rojo estaba en Buenos Aires cuando recibió el mensaje de que Guevara quería verlo en La Habana.

Resulta interesante relatar aquí las sucesivas escalas que tuvo que realizar el avión cubano antes de llegar al aeropuerto de aquella isla, para poder ver el grado de aislamiento en que se encontraba en aquellos momentos la nación: para llegar a La Habana desde Buenos Aires, Rojo tuvo que hacer escala en Praga (Checoslovaquia), Shannon (Irlanda) y Oxford (Canadá).

Durante la estancia de Rojo en Cuba, que se prolongó hasta el 10 de abril, éste mantuvo varias entrevistas con Guevara.

En la primera de ellas, Ernesto explicó a Rojo su punto de vista sobre el desmantelamiento de los misiles soviéticos. Para Guevara el papel de la URSS como líder de la revolución mundial había concluido. En consecuencia, a Cuba no le quedaba otro recurso que seguir su propio camino revolucionario sin intervenir en el equilibrio de fuerzas a que habían llegado las dos grandes potencias mundiales. Ello hacía que resultase imprescindible crear nuevos lazos con los demás países hispanoamericanos. Pero la empresa no resultaría fácil tal como había comprobado en su visita a Punta del Este. Para Guevara, la cuestión estaba clara: o bien los países hispanoamericanos debían admitir la coexistencia con una Cuba socialista —lo cual consideraba improbable—, o bien había que provocar en aquellos países movimientos revolucionarios que derrocasen a los gobiernos capitalistas e instaurasen regímenes afines con el cubano.

A Ernesto le interesaba especialmente su propio país, Argentina, y por eso había llamado a Ricardo Rojo. Era sabedor de que desde la caída de Frondizi la situación político-social de Argentina se había ido deteriorando y que su economía estaba cerca del desastre más estrepitoso. Pidió a Rojo una descripción detallada del panorama argentino, interesándose sobre todo por la forma de pensar de cada uno de los personajes políticos del país, de cuál era el estado de ánimo que reinaba en las fuerzas armadas, si la masa obrera seguía considerando a Perón como su ídolo, etc.

Rojo pretendió convencer a Ernesto de que una intervención guerrillera no llevaría las de ganar en Argentina, pues las condiciones del país eran muy distintas de las que había en Cuba en el momento de la revolución: por un lado, había un numeroso proletariado urbano que no podía dejar de ser tenido en cuenta; por otro lado, las fuerzas armadas estaban muy cohesionadas y, finalmente, era improbable que Perón regresara de su exilio en España para ponerse al frente de la insurrección. También las condiciones del terreno argentino eran muy distintas de las del cubano, y los campesinos —brazo armado de las revoluciones, según el *Che*— no encontrarían condiciones tan favorables para luchar como en Sierra Maestra.

No obstante, Ernesto no se dejó convencer por estos argumentos. Para él, la precaria situación económica de Argentina tenía que ser el detonante para la revolución.

Cuando Ricardo Rojo se despidió del *Che* el 10 de abril, se fue convencido de que no habría de transcurrir mucho tiempo antes de que intentara poner en marcha su descabellado plan. Temía, naturalmente, por el fracaso del intento y, sobre todo, por la vida de su íntimo amigo Ernesto Guevara.

En 1961, durante una reunión de la Organización de Estados Americanos (OEA).

CAPÍTULO XVI
POR TIERRAS AFRICANAS

A pesar de lo hablado con su amigo Ricardo Rojo, exteriormente el *Che* no pareció haber cambiado en absoluto.

Siguió al frente del Ministerio de Industria y, como tal, desempeñó las misiones que le fueron encomendadas. Pero en su fuero interno siguió sintiendo el ansia de la revolución.

Como ministro de Industria estableció, a finales de 1963, un sistema de normas nacionales de trabajo y una escala de salarios en el sector secundario. En enero de 1964 firmó un acuerdo de asistencia técnica entre Cuba y la Unión Soviética que anteriormente había sido negociado por Fidel en una visita a la URSS.

Pero las actividades públicas que más destacaron fueron las que tuvieron lugar en el campo diplomático.

En marzo de 1964 fue a Ginebra como delegado de Cuba en la Conferencia Mundial para el Comercio y el Desarrollo, celebrada bajo los auspicios de la Organización de las Naciones Unidas. En las sesiones celebradas puso de relieve los peligros que significaban las inversiones de capital extranjero para el comercio y la paz mundial cuando éstas llegaran a dominar la economía interna de una nación, proponiendo que, cuando un país del Tercer Mundo viera disminuidos sus ingresos al estar los precios internacionales controlados por las mismas potencias que hubieran adelantado el capital, el deudor fuera eximido de satisfacer cualquier interés o cuota de amortización.

En Ginebra, además, el *Che* insistió en el peculiar concepto de la coexistencia pacífica.

Después de la Conferencia, Guevara pasó dos días en París, donde aprovechó para firmar un acuerdo comercial.

Luego se dirigió a Argel, donde obtuvo la promesa por parte del presidente, Ben Bella, de intervenir a favor de una normalización en las relaciones entre Cuba y los Estados Unidos.

En el mes de noviembre de 1964 Ernesto volvió a viajar a Moscú, con el pretexto de asistir a las fiestas de la revolución bolchevique. Pero en realidad el motivo era otro: la preocupación que existía entre los cubanos por causa del acercamiento entre las dos grandes potencias mundiales.

En sus conversaciones con los dirigentes soviéticos, Guevara se debió convencer de que para la Unión Soviética la coexistencia pacífica no era una simple táctica oportunista; los soviéticos aceptaban de buen grado la nueva política y parecían dispuestos a respetar las reglas del juego, por cuanto ello significaba la división del mundo en dos grandes esferas de influencia, una de ellas dominada por la URSS y la otra por los mismos Estados Unidos. Ello hacía temer a Cuba y al propio Ernesto que, si llegara el caso de otro enfrentamiento con los Estados Unidos, posiblemente la URSS adoptaría una postura de neutralidad que no les favorecería en absoluto.

Cuando terminara la visita a la Unión Soviética, el *Che* debía viajar entonces a Nueva York para, posteriormente, regresar a La Habana. Pero estos planes se vieron alterados en gran medida.

En diciembre de 1964, desde Manhattan, en vez de volar hacia Cuba, Ernesto emprendió un largo viaje por tierras africanas, y no regresó a la isla hasta mediados de marzo del año siguiente.

El día 11 de diciembre, en Nueva York, Ernesto participó en la Asamblea General de las Naciones Unidas. Su intervención en dicha Asamblea dejó palpable que su estancia en Moscú le había servido para reafirmar sus conclusiones: «Moscú no ofrece garantías a Cuba y ésta habrá de seguir adelante por su propio sistema de coexistencia.» Por otro lado, la revolución en Sudamérica la habrán de resolver los propios países hispanoamericanos sin contar con ayuda exterior.

Desde Nueva York, Guevara se dirigió a Argel, pasando por Canadá. En la capital argelina habló con el presidente, Ben Bella, de la creación de un frente socialista independiente de la Unión Soviética o de la China Popular. Un apoyo de aquella «tercera fuerza», que pretendía crear al margen de la OTAN y del mismísimo Pacto de Varsovia, sería el Congo-Brazzaville, que había ido tomando progresivamente una orientación socialista.

De Argel pasó a Mali, donde los extremistas de la Unión Sudanesa habían tomado el poder, confirmando su predominio al ocupar todos los escaños de la Asamblea legislativa en unas elecciones un tanto apañadas.

De la misma forma que hizo durante todo el viaje, también en Mali intentó Ernesto convencer del carácter antiimperialista de la revolución cubana.

A principios de 1965, Ernesto llegó a Brazzaville, donde convenció al presidente, Massemba, de que, para luchar contra los imperialistas, los países africanos debían ponerse bajo las órdenes de Argel.

Más tarde, Ernesto visitó la capital de Guinea, donde permaneció hasta el día 13 de enero. Luego, desde el 14 al 20 de enero, estuvo en la capital de Ghana. Allí pronunció una conferencia sobre la acción neocolonialista en la América Latina y la conveniencia de realizar una acción conjunta entre África, Asia e Iberoamérica.

Desde Acra, la capital de Ghana, el *Che* se dirigió a Porto Novo, la capital de Dahomey. Allí estuvo dos días, ya que una llamada de Fidel le obligó a encaminarse a París, donde le aguardaba Osmani Cienfuegos con nuevas instrucciones.

Así lo hizo, y desde Porto Novo se presentó, haciendo escala en Argel, en París.

Allí Cienfuegos le explicó que las relaciones entre Moscú y Pekín estaban a punto de desembocar en una terrible lucha y que Fidel había pensado que él debía ir hasta Pekín para intervenir como mediador en el conflicto.

Guevara y Cienfuegos tomaron un avión y llegaron a Pekín el 2 de febrero. Estuvieron allí hasta el día 10, pero no lograron nada positivo. La guerra fría entre los dos países seguía existiendo y ellos nada pudieron hacer.

Pero, al margen de la fracasada mediación como diplomáticos, el fugaz paso de Guevara por la capital de Francia había sido importante por otro motivo. Allí el *Che* se encontró con el abogado Gustavo Roca, un antiguo compañero del colegio nacional Deán Funes y de la pandilla «La Malagueña», quien le informó que la guerrilla argentina, que Jorge Ricardo Massetti había intentado organizar, había fracasado completamente y que el propio Massetti había muerto.

Para el *Che* esto fue un duro golpe. No sólo porque había fracasado la guerrilla argentina promovida por él mismo, sino porque había muerto Massetti, un periodista al que había conocido durante la época de Sierra Maestra y a quien le había ordenado organizar la guerrilla. Guevara se lamentó de no haber podido ir él mismo a ponerse a la cabeza.

Es probable que aquel día, en París, se reafirmara la decisión de Guevara: debía volver a la guerrilla.

Pero aún habría de pasar algún tiempo, ya que no era fácil dejar de ser ministro en un gobierno socialista, más aún cuando se había llegado a tener una fe ciega en el socialismo.

Mientras tanto, prosiguió la visita al continente africano. De regreso de Pekín pasó por Tanzania, un Estado socialista que mantenía relaciones cordiales con Cuba. Posteriormente, viajó de nuevo a Argel, pero antes pasó por El Cairo, donde conoció a Gaston Soumaliot, quien cuatro meses antes había proclamado en Stanleyville la República Popular del Congo, que a los dos meses fue destrozada por las tropas anglo-americano-belgas al servicio del gobierno de Leopoldville. Aquella intervención había sido provocada por las crueldades perpetradas por los hombres de Soumaliot con la población blanca y con los indígenas no simpatizantes con la nueva República Popular del Congo.

Después de su derrocamiento, Soumaliot se refugió en El Cairo, donde Nasser había puesto a su disposición una lujosa residencia.

Guevara no ignoraba las barbaridades que se producían en tierras africanas. Pero en el fondo aquello no era obstáculo para la simpatía que le inspiraban aquellos movimientos. Suponía, y posiblemente no sin razón, que los blancos no habían ni tan siquiera intentado, durante las épocas de colonialismo, sacar a los indígenas del estado de salvajismo ancestral. Por tanto, debía pensar que no tenían ningún derecho a quejarse, si los indígenas se comportaban como salvajes.

Ernesto se sentía profundamente atraído por Soumaliot y su movimiento de resistencia. Los métodos de Soumaliot coincidían con los principios tácticos del *Che*.

Parece ser que el propio Soumaliot pidió a Ernesto que fuese al Congo a organizar una guerrilla y a éste no debió parecerle mala idea.

El día 20 de febrero de 1965 Ernesto llegó de nuevo a Argel. Allí pronunció un discurso en un simposio de estudios económicos para los países afroasiáticos, en el cual se reafirmó con su elección de que la revolución debía empezar por los propios países tercermundistas, y que los países socialistas deberían ayudar a los subdesarrollados a salir de la pobreza sin pedir nada a cambio, porque de otro modo, según él, los países que ayudasen pidiendo algo a cambio, en cierta medida se harían cómplices de la explotación imperialista.

El antiimperialismo de Guevara ya no tiene límites.

Desde Argel, el día 2 de marzo Guevara regresó a El Cairo, donde es fácil presuponer que hasta su retorno a La Habana se dedicaría a perfilar futuros planes con los revolucionarios del Congo Belga.

CAPÍTULO XVII

EL EJÉRCITO GUERRILLERO DEL PUEBLO

El 14 de marzo de 1965, Ernesto Guevara regresó a La Habana. En el aeropuerto de Rancho Boyeros fue recibido por el propio Fidel Castro y por toda la plana mayor gubernamental. También le esperaban en el aeropuerto su esposa Aleyda y el propio Gustavo Roca, con quien había hablado en París. Pero éstos sólo pudieron saludar de lejos a Ernesto, ya que Fidel Castro quiso entrevistarse con él de inmediato. Ni tan siquiera los periodistas pudieron explicar nada del viaje del *Che* por tierras africanas.

De la entrevista mantenida con Fidel no se sabe casi nada. Gustavo Roca explicó algún tiempo después que Ernesto le había comentado que había hablado con Fidel durante casi cuarenta horas seguidas, relatando sus experiencias por el continente africano; pero poco más.

No obstante, es fácil suponer que hubo algo más, ya que a partir de aquella entrevista Ernesto decidió marchar de Cuba, lo cual hizo posiblemente entre finales de marzo y mediados de abril.

Poco se sabe de la vida de Ernesto desde el momento en que decidió abandonar Cuba. La única referencia que se tiene es la de una carta enviada a su madre, Celia de la Serna, donde le escribía, el 16 de marzo de 1965, diciéndole que

97

tenía dificultades con Castro y anunciándole que se proponía abandonar el país. Doña Celia contestó a su hijo el 16 de abril, aconsejándole que fuera a Argel a ayudar a Ben Bella. Pero de esto se hablará posteriormente.

La Revolución en Argentina

Consideramos conveniente en este punto relatar las noticias que se poseen del intento de revolución que Massetti llevó a cabo en Argentina.

Posiblemente, cuando Ernesto se entrevistó con Gustavo Roca a su regreso de las tierras africanas, este último contó con todo detalle los acontecimientos al comandante. La importancia que aquel desgraciado intento debió ejercer en el ánimo de Ernesto, así como la intervención directa que tuvo en el plan, no deben ser pasadas por alto.

Jorge Ricardo Massetti, de quien ya se ha hablado anteriormente, conoció al *Che* en Sierra Maestra, cuando había conseguido de Rojo una carta de introducción a la zona insurrecta. Debía realizar un reportaje para la emisora El Mundo, de la capital argentina.

Provisto de la carta de recomendación que le ofreció Rojo, en marzo de 1958 Massetti conoció a Ernesto Guevara. Eran de la misma edad. Permaneció con los guerrilleros algunas semanas y escribió su reportaje.

Cuando triunfó la Revolución, Guevara llamó a Massetti y le encargó el montaje de una agencia oficial de información. Massetti supo salir airoso de la empresa, a pesar de tener que vencer los celos de sus colegas cubanos. El *Che* lo mantuvo en el cargo tanto tiempo como pudo, pero finalmente le aconsejó que presentara la dimisión para evitar males mayores. A partir de entonces, el periodista argentino se mantuvo en un segundo plano, aunque en 1963 continuaba siendo uno de los asiduos a las tertulias nocturnas de Ernesto, junto con Rojo, Gustavo Roca y Alberto Granados.

Parece ser, tal como ya se ha mencionado en otro capítulo, que en el despacho del Ministerio de Industria cubano fue tomando forma el proyecto de un foco guerrillero que, desde Bolivia, había de pasar a territorio argentino.

En el mes de junio de 1963 Massetti se puso en acción. Sus primeros tanteos los realizó en La Paz, donde estuvo acompañado por Hermes Pela, Raúl Dávila y otro de los veteranos de Sierra Maestra que había combatido con el *Che*.

Los cuatro revolucionarios tenían un plan ambicioso: pretendían crear a lo largo de los contrafuertes andinos, desde Perú a la Argentina, una cadena de focos insurreccionales. Pero el momento no era muy oportuno. En el valle de Cuzco, fronterizo con Bolivia, los movimientos campesinos de resistencia iban disminuyendo desde que su animador había sido detenido. En cuanto a la frontera de Bolivia con Argentina, las condiciones eran de la misma manera poco favorables: los militares que estaban en el poder desde la caída de Frondizi habían prometido una época de normalidad constitucional, a partir de unas elecciones legales. Aquello disminuía la probabilidad de que un levantamiento recibiera el apoyo popular.

No obstante, Massetti había tomado ya su resolución. Había puesto nombre al pequeño núcleo revolucionario: el Ejército Guerrillero del Pueblo, y tenía una finca en territorio boliviano donde iba concentrando a los futuros guerrilleros del pueblo, la mayoría de los cuales eran estudiantes nacionalistas o tránsfugas del comunismo.

En la finca se habían llegado a reunir, todo lo más, una docena de combatientes. Con aquellos efectivos, Massetti decidió la invasión del territorio argentino.

El Ejército Guerrillero del Pueblo cruzó la frontera dividido en dos grupos. Instaló su primer campamento en las orillas del río Pescado. Allí Massetti redactó una proclama en la que exigía la dimisión de Arturo Illía, elegido presidente de la nación en las elecciones del 7 de julio.

Aquella proclama no sirvió para que el presidente dimitiera, aunque sí sirvió para poner sobre aviso a los servicios de seguridad, quienes practicaron un reconocimiento por la zona norte del país con el fin de averiguar de cuántos efectivos disponía el citado Ejército.

Por otro lado, sólo una docena más de jóvenes argentinos decidió incorporarse a las filas del Ejército Guerrillero del Pueblo.

El grupo de guerrilleros no debía tener muy buen ánimo cuando pudo darse cuenta de que el país no había dado señales de haberse levantado al enterarse de la proclama de Massetti. Por otro lado, no había ejército contra el que combatir. Massetti tuvo que imponer una dura disciplina para impedir que el grupo se disgregara.

Todos estaban decepcionados. Suponían que las cosas hubieran resultado diferentes si al frente de ellos hubiera estado el propio comandante *Che* Guevara.

La primera crisis un tanto grave se produjo cuando Rotblat, uno de los últimos hombres reclutados, quiso desertar.

Massetti, para evitar el peligro de que la idea fuera pasando de mente en mente, decidió imponer la pena capital al desertor.

A pesar de que la invasión andaba lejos de ser exitosa, los voluntarios iban apareciendo. Pero en febrero de 1964, después de cinco meses de haber comenzado la invasión, el enemigo seguía sin aparecer.

Massetti no podía seguir engañándose por más tiempo: aquel tipo de guerrilla no conducía a ninguna parte. Los únicos que utilizaban las armas era el pelotón de ejecución cuando alguno de los reclutados intentaba desertar.

El fin de la guerrilla fue provocado por traición. El 2 de marzo se habían incorporado dos nuevos reclutas, que en realidad eran

Con Nikita Kruschev, en uno de sus viajes a Moscú.

dos confidentes de la policía. Se dirigieran a donde se dirigieran los guerrilleros siempre se encontraban con una emboscada de la policía.

Uno de los grupos fue cercado y tuvo que rendirse para no morir de hambre; antes, habían muerto ya tres de ellos por inanición.

A mediados de abril, el capitán de la revolución, Hermes Peña, y otro guerrillero cayeron sobre un puesto de policía y mataron a un centinela. Al poco rato caían los dos acribillados a balazos. Aquello había sido un acto de desesperación pero, en cualquier caso, había sido el único auténtico hecho de armas que se puede inscribir en el activo de la guerrilla mandada por Massetti.

Massetti acabó por internarse en la selva y nunca más se supo de él. Así fue como terminó el episodio de la invasión del territorio argentino por parte del Ejército Guerrillero del Pueblo.

CAPÍTULO XVIII
¿QUÉ HA SIDO DEL *CHE*?

Después de su regreso a Cuba, todo el mundo en La Habana se preguntaba qué estaba ocurriendo con el *Che*.

Guevara no había sido visto en su despacho del Ministerio de Industria, ni tan siquiera en la presidencia, a la que acudía regularmente una vez a la semana. Desde el 25 de marzo y hasta el 13 de abril no se registró ni una sola mención de su nombre en los diarios de la isla. El 24 de marzo, una breve nota transmitida por las emisoras de radio de La Habana hablaba de las declaraciones de Ernesto publicadas el día anterior en el semanario *Liberación* de Marruecos, en el cual hacía un gran elogio de la conducción china y formulaba críticas veladas contra los peligros del divisionismo. El 13 de abril se volvía a mencionar a Guevara en *Revolución*, que reproducía un artículo publicado en *Verde oliva* bastante tiempo atrás.

Pero, después de esto, poco a casi nada se volvió a mencionar a Ernesto en Cuba.

Fuera de la isla, la inquietud por el guerrillero parece que se desarrolló algún tiempo después. En mayo, las agencias de noticias y los diarios de América Latina primero, y las europeas después, se inquietaron por el silencio del *Che*.

El motivo no fue otro que la muerte de su madre, producida el 18 de mayo. El 10 de mayo, un cáncer que le producía terribles dolores, la obligó a internarse en un hospital. Seis días después, los médicos declaraban la inminencia del óbito.

Parece ser que Ricardo Rojo habló con Aleyda por teléfono. Ella parecía nerviosa y le comentó que su marido no estaba en La Habana pero que se encontraba en Cuba. Cuando Rojo le pidió que avisase a Ernesto cuanto antes, contestó que sería muy difícil poder comunicar con él.

El día 18, cuando Celia de la Serna ya estaba en coma, Rojo mandó un telegrama dirigido al ministro de Industria, comandante Guevara, diciéndole que su madre estaba gravemente enferma y quería verle.

No hubo respuesta al telegrama. El hecho de que Ernesto no hubiera contestado a ninguna de las llamadas puede demostrar que no se había enterado de tan dolorosa circunstancia. Si no había salido de Cuba, como aseguraba Aleyda, no debía tener al alcance ningún teléfono y tampoco debían llegarle los telegramas, estuviera donde estuviera.

El 21 de mayo los periódicos de La Habana publicaron la referencia necrológica, pero Ernesto siguió sin dar señales de vida.

A principios de junio comenzó una sucesión de rumores en torno al personaje: «Guevara ha muerto.» «Es posible que Guevara se encuentre en Santo Domingo o Guatemala.» «Lo más probable es que esté en prisión.»

Lo cierto es que el 12 de junio, Guevara fue reemplazado en su cargo como ministro de Industria. El viceministro, Arturo Guzmán, firmaba los documentos del departamento.

El mismo día 12 de junio, Joaquín Hernández Armas, embajador de Cuba en México, declaró a los periodistas que el *Che* no había caído en desgracia con el gobierno de Cuba, ni en relación con su doctrina revolucionaria, ya que él había sido, precisamente, uno de los fundadores. Para él no había nada raro en que no se supiera nada de Guevara y que hubiera sido destituido como ministro de Industria.

Los rumores se intensificaron a medida que iba pasando el tiempo. Una versión lo situaba en Colombia; otra decía que el guerrillero estaba en Guatemala preparando un golpe contra el Gobierno; una tercera le hacía en Vietnam.

Por aquella misma época, el propio Fidel, contestando a dos periodistas, dijo que lo mejor era que le preguntaran al propio Guevara si querían saber algo de él, y que, se encontrara donde se encontrara, seguro que estaría trabajando en favor de la Revolución.

En julio, otra versión aseguraba que Ernesto había estado en Argentina y que posteriormente había seguido viaje a Perú, para marcharse luego a Bolivia.

Próximo a celebrarse el duodécimo aniversario del famoso 26 de julio, día del ataque al cuartel de Moncada, carteles destinados a la celebración incluían la foto del *Che*. Pronto el hecho dio lugar a numerosas versiones contradictorias, afirmándose, consecuentemente, que Guevara estaba vivo y que posiblemente se encontraría reorganizando dependencias de la economía cubana. Pero esos mismos retratos daban a entender, según otros, que Guevara había muerto, ya que su foto aparecía junto a la de Camilo Cienfuegos, muerto tiempo atrás en un accidente de aviación, según unos, o asesinado a raíz de la oposición que presentó a la excesiva aproximación del régimen cubano al comunismo, según otros. No obstante, otros rumores inducían a pensar que Ernesto había sufrido una grave crisis asmática que le mantenía fuera de circulación, precisamente reponiéndose de su enfermedad.

El día 22 de agosto, los periódicos cubanos propagaban la noticia de que Arturo Guzmán había sido nombrado ministro de Industria. Pero el día anterior, el presidente del Gobierno de Reconstrucción Nacional, de Santo Domingo, anunció oficialmente que Guevara podía haber encontrado la muerte en ese país durante los primeros días de la revolución dominicana.

Algunos días después, precisamente el 2 de septiembre, esta versión fue confirmada por los miembros del Directorio

Estudiantil Revolucionario exiliados en Miami. La opinión de ellos era que Guevara había llegado a la capital de Santo Domingo el día 29 de abril, cinco días después de haberse iniciado la revolución, y que el 3 ó 4 de mayo había caído muerto en una acción en las calles de Santo Domingo. Según ellos, a su llegada a la isla había sido recibido por el mayor Emilio Mejías, enlace de Castro con Caamaño Deno, el jefe del sector constitucionalista del Ejército. Ambos se habían reunido, según esta opinión, el 3 de mayo, y el guerrillero había ofrecido a Caamaño el apoyo de Fidel Castro. El día 5, Caamaño había anunciado que se había procedido a la incineración de los cadáveres por razones sanitarias.

Pero, contradiciendo estas afirmaciones, el servicio administrativo del Departamento de Seguridad de Colombia buscaba, el 29 de agosto, en la zona costera de Uraba, a un Guevara sin barba y con gafas. La versión afirmaba que había penetrado en territorio colombiano después de entrenar a guerrilleros en la provincia panameña de Chiriqui.

Entre tanto, Álvarez de la Campa, ex secretario administrativo del Ministerio de Agricultura y ex consejero de la Embajada cubana en Madrid, negó radicalmente que Guevara hubiera estado en Santo Domingo y que hubiera muerto allí.

Lentamente se estaba creando el mito, circunstancia que se acrecentaría con su verdadera muerte. Pero por el momento todavía el tenaz guerrillero daría mucho que hablar, bien que estas noticias contradictorias intentaran desviar el interés mundial por sus andanzas, ¿en los escenarios africanos o en los sudamericanos?

Las diferencias personales con Fidel Castro se habían agrandado. En un confusionismo ideológico el *Che* había vuelto la espalda a Moscú y llegó a planear acuerdos comerciales incluso con países anticomunistas iberoamericanos. A la vista de la odiada burocratización y del peso de la Nomenklatura es probable que el *Che* pensara que la liberación de las eco-

106

nomías de los países del Este, con el visto bueno de la Unión Soviética, y el intento de orientar el sistema económico cubano tomando como modelo el checoslovaco, fuera una flagrante traición a los principios revolucionarios por los cuales tanto había luchado.

Los virajes a favor de unos o de otros eran constantes. Moscú acusaba al *Che* de ser prochino, quizá porque el bravo luchador pensara que el maoísmo era el último reducto verdaderamente puro del marxismo, y según otros observadores era todo lo contrario, pues a la vuelta de Pekín el *Che* propuso a Castro enderezar la economía siguiendo las directrices soviéticas. La respuesta más realista de Fidel había sido que para Cuba le era necesario mantener relaciones excelentes con ambos colosos.

A pesar del fracaso, el deseo de exportar la Revolución le quemaba y Guevara había acudido de nuevo a su llamada.

CAPÍTULO XIX
TESTAMENTO POLÍTICO DEL *CHE*

El día 3 de octubre se produjo una revelación extraordinaria por parte de Fidel. El día antes, Castro había pronunciado un discurso en el cual anunció una profunda reorganización del Partido Unido de la Revolución Socialista. En la lista de nuevos cargos no aparecía por ningún lado el nombre de Ernesto Guevara.

Al día siguiente, en otro acto público, Fidel hacía el sensacional anuncio de la renuncia de Guevara al Partido, a su ciudadanía cubana, y anunciaba su salida de la isla.

El documento que leyó Fidel estaba fechado en La Habana el día 1 de abril, y decía:

Fidel:

Me recuerdo en esta hora de muchas cosas, de cuando te conocí en casa de María Antonia, de cuando me propusiste venir, de toda la tensión de los preparativos. Un día, pasaron preguntando a quién se debía avisar en caso de muerte, y la posibilidad real del hecho nos golpeó a todos. Después, supimos que era cierta, que en una revolución se triunfa o se muere (si es verdadera). Muchos compañeros quedaron a lo largo del camino hacia la victoria.

Hoy, todo tiene un tono menos dramático, porque somos más maduros, pero el hecho se repite. Siento

*que he cumplido la parte de mi deber que me ataba
a la Revolución cubana en su territorio, y me des-
pido de ti, de los compañeros, de tu Pueblo, que ya
es mío.*

*Hago formal renuncia de mis cargos en la direc-
ción del Partido, de mi puesto de ministro, de mi
grado de comandante, de mi condición de cubano.
Nada legal me ata a Cuba, sólo lazos de otra clase
que no se pueden romper con los nombramientos.
Haciendo un recuento de mi vida pasada, creo haber
trabajado con suficiente honradez y dedicación para
consolidar el triunfo revolucionario. Mi única falta
de alguna gravedad es no haber confiado más en ti
desde los primeros momentos de Sierra Maestra, y
no haber comprendido con suficiente celeridad tus
cualidades de conductor y revolucionario.*

*He vivido días magníficos y sentí a tu lado el orgu-
llo de pertenecer a nuestro pueblo en los días lumi-
nosos y tristes de la crisis del Caribe.*

*Pocas veces brilló más alto un estadista que en estos
días. Me enorgullezco también de haberte seguido sin
vacilaciones, identificado con tu manera de pensar y
de ver y apreciar los peligros y los principios.*

*Otras tierras del mundo reclaman el concurso de
mis modestos esfuerzos. Yo puedo hacer lo que te está
negado por tu responsabilidad al frente de Cuba, y
llegó la hora de separarnos.*

*Sépase que lo hago con una mezcla de alegría y
de dolor; aquí dejo lo más puro de mis esperanzas
de reconstructor y lo más querido entre mis seres
queridos, y dejo un pueblo que me admitió como un
hijo; eso lacera una parte de mi espíritu. En los nuevos campos de batalla llevaré la fe que me inculcaste,
el espíritu revolucionario de mi pueblo, la sensación*

de cumplir con el más sagrado de los deberes: luchar contra el imperialismo dondequiera que esté; esto reconforta y cura con creces cualquier desgarradura.

Digo una vez más que libero a Cuba de cualquier responsabilidad, salvo la que emane de su ejemplo. Que si me llega la hora definitiva bajo otros cielos, mi último pensamiento será para este pueblo y especialmente para ti. Que te doy las gracias por tus enseñanzas y tu ejemplo y que trataré de ser fiel hasta las últimas consecuencias de mis actos. Que he estado identificado siempre con la política exterior de nuestra Revolución y lo sigo estando. Que en dondequiera que me pare, sentiré la responsabilidad de ser revolucionario cubano, y como tal actuaré.

Que no dejo a mis hijos y mi mujer nada material, y no me apena: me alegro que así sea. Que no pido nada para ellos, pues el Estado les dará lo suficiente para vivir y educarse.

Tendría muchas cosas que decirte a ti y a nuestro pueblo, pero siento que son innecesarias, las palabras no pueden expresar lo que yo quisiera, y no vale la pena emborronar cuartillas.

Hasta la victoria siempre. ¡Patria o muerte!

Te abraza con todo el fervor revolucionario:

Che.

Cuando acabó de leer la carta, Fidel añadió que dejaba a los enemigos de la Revolución que siguieran sacando conclusiones.

Aleyda March, a la que se le ofreció un aplauso especial cuando comenzó el acto, estuvo sentada durante todo el tiempo con la cabeza inclinada y con un marcado aire de tristeza. Iba vestida completamente de negro.

Pero la carta, la frase final de Fidel y la visión de Aleyda fueron otros tantos ejemplos para que se siguieran haciendo conjeturas. Forzoso era que la mente colectiva de los que habían asistido al discurso de Fidel pensara que aquello, más que una carta de despedida era la lectura de un testamento, como si se tratara de una de aquellas ejecuciones que tan en boga habían estado en Rusia hasta la desaparición de Stalin, donde la propia víctima aceptaba la liquidación como un último servicio al Partido y a la felicidad del pueblo.

Pero en realidad no había sido así. El *Che* todavía tardaría algún tiempo en dejar el mundo de los vivos.

La carta que leyó Fidel no había sido más que el desenlace de un largo conflicto político que había enfrentado a Ernesto con sus colegas, prácticamente desde el primer momento en que había triunfado la Revolución.

Hay un párrafo significativo que invita a la reflexión: «Mi única falta de alguna gravedad es no haber confiado más en ti desde los primeros momentos de Sierra Maestra, y no haber comprendido con suficiente celeridad tus cualidades de conductor y revolucionario.»

¿Lo escribió realmente Ernesto o es una interpolación de Fidel? Hay miembros del círculo más íntimo del *Che* que opinan que jamás su líder se hubiera rebajado de esta manera.

El *Che* se despidió también de sus padres con frases patéticas:

«Muchos dirán que soy un aventurero y de hecho lo soy... pero de otra clase. Soy uno de aquellos que se dejan la piel para demostrar su verdad. Es posible que esto sea el final; no lo busco, pero entra dentro de un cálculo lógico de posibilidades. Si es así, recibid mi último abrazo.»

Tremenda promonición de un hombre que sujetó su vida a un ideal, llegando por él al sacrificio último, por encima de lazos sentimentales o familiares.

En este sentido se despidió también de sus hijos:

Su labor diplomática fue muy intensa en los años en que estuvo al servicio del Gobierno castrista.

Apreciados Hildita, Aleidita, Camilo, Celia y Ernesto. Habéis de leer esta carta por si no vuelvo a estar entre vosotros. Con mucho esfuerzo os acordaréis de mí, y los más pequeños no se acordarán nada. Vuestro padre es un hombre que se comporta tal como piensa; podéis estar seguros que ha sido siempre fiel a sus convicciones. Sed buenos revolucionarios, aprended mucho para dominar la técnica que os permitirá dominar la naturaleza. Sed siempre capaces de sentir en lo más profundo cada injusticia que se cometa contra alguien en cualquier parte del mundo. Ésta es la cualidad más bella de un revolucionario.

Hasta siempre, niños. Espero volveros a ver.

Un beso muy fuerte y un abrazo de papá.

Creemos que las palabras hablan por sí solas y huelga todo comentario, pero la carta es el mejor retrato psicológico y de las cualidades de nuestro biografiado.

CAPÍTULO XX
LA AVENTURA EN EL CONGO

Todavía queda por saber si en la siguiente visita del *Che* por tierras congoleñas la decisión fue únicamente de Guevara, con independencia o incluso contra la voluntad de Fidel, o si ambos habían acordado elegir aquel nuevo campo de actividad para Ernesto.

Algunas opiniones vienen a indicar que Guevara fue al Congo plenamente de acuerdo con Fidel y dentro del esquema táctico general que seguía la política exterior cubana. Y todavía hay alguna opinión que se atreve a ir más allá. Ricardo Rojo, por ejemplo, no sólo coincide con esta hipótesis sino que llega a decir que todo el misterio creado en torno a Guevara, desde marzo a octubre de 1965, fue una simple tapadera para enmascarar los planes que de común acuerdo habían trazado para el guerrillero. Según Rojo, la salida de Guevara había sido cuidadosamente preparada por la policía política cubana, que funcionaba bajo la dirección del comandante Manuel Piñeyro.

Se ha de suponer que Guevara luchó junto a los grupos armados de Soumaliot y Mulele, los cuales se enfrentaban a los mercenarios blancos de Tshombe, inicialmente adversario del poder central congoleño y después presidente del mismo hasta su derrocamiento por el jefe del ejército, el coronel Mobutu.

También ha de suponerse que, durante su colaboración con los hombres de Soumaliot, Guevara debió pasar forzosamente malos momentos. Posiblemente, esos malos momentos contribuyeron a que Guevara decidiese pasar del ex Congo Belga al ex Congo Francés. Por otro lado, dos acontecimientos que habían modificado de forma sustancial el panorama político africano lo hacían aconsejable: caída de Ben Bella en Argelia en el mes de junio de 1965, y la destitución de Tshombe en el Congo por el coronel Mobutu en el mes de noviembre.

La guerrilla congoleña perdió gran parte de su fuerza cuando desapareció la motivación para la lucha que ofrecía la presencia de Tshombe, el cual era considerado como un agente del imperialismo blanco. Algunos jefes guerrilleros se rindieron, y Mobutu, con el apoyo de los mercenarios blancos, se encargó de los más recalcitrantes.

Guevara fue a Brazzaville a comienzos de 1966. Allí encontraría unas condiciones de lucha más adecuadas a su forma de ser de hombre blanco: el enemigo tenía carácter de invasor, y sus compañeros de lucha no eran los salvajes hombres de Soumaliot, sino auténticos defensores del orden socialista.

Se tienen noticias de que el 15 de febrero Guevara escribió una carta a su hija mayor, Hilda, con motivo de su décimo cumpleaños, en la cual le explicaba que está lejos y que seguirá separado de ella por mucho tiempo, luchando contra los enemigos de la Revolución.

Pero no sería tanto el tiempo que Guevara estaría alejado de Cuba. En enero se había celebrado en La Habana la Conferencia Tricontinental de países socialistas. La mayoría de los representantes había dado en ella su voto favorable a la moción presentada por los delegados castristas que propugnaba la coexistencia pacífica. Los únicos que votaron en contra fueron los delegados de China Popular. Entonces se produjo un enfrentamiento en las relaciones entre China y Cuba, que llegaron a un punto muy próximo a la congelación cuando Fidel acusó a los chinos de provocar un levantamiento en el seno de las fuerzas armadas de Cuba.

Aquella disputa tuvo repercusión en el Congo. Mulele y Soumaliot recibieron de Pekín la orden de influir en los regímenes socialistas africanos para que pidieran al gobierno cubano que Guevara abandonara la zona.

Por lo que parece, en un primer momento se negó a acatar las órdenes. Pero las demandas de los chinos, de los rusos o del propio Soumaliot debieron de hacerse más insistentes, ya que a finales de febrero se presentaron en Brazzaville dos representantes personales del propio Fidel con la misión de convencer a Guevara de que regresara a Cuba.

Mientras, la opinión pública seguía preguntándose qué había sido del *Che*, aunque ya no con tanta insistencia, pues algunos habían creído la versión del comandante Piñeyro que le daba por muerto en las luchas internas de la República Dominicana.

Regreso del *Che* a Cuba

Algunos de los hechos ocurridos entre marzo de 1966 y abril de 1967 vienen a justificar, aparentemente, la hipótesis mantenida por muchos según la cual Fidel y Ernesto siempre estuvieron de acuerdo en lo fundamental y por encima de sus naturales diferencias de criterio.

Para estas personas, la conspiración de silencio en torno a Guevara y su alejamiento, además de los falsos rumores puestos en circulación, no eran más que apaños de un juego escondido que se traían entre ambos.

Lo cierto es que las diferencias doctrinales, de táctica e incluso de personalidad, habían creado entre Fidel y Ernesto una situación de rivalidad y antagonismo que hacían forzosa la separación. Se debe recordar que ya la primera salida de Guevara de Cuba había sido para alejar a éste del poder.

Pero entre los dos personajes se da una base de identificación fundamental y, sobre todo, la cuestión de que la conveniencia les llevaba, desde posiciones doctrinales encontradas, a una identidad de intereses y tácticas.

Algunas de las circunstancias que apoyan esta opinión se dieron con anterioridad a la vuelta de Guevara a Cuba en marzo de 1966.

La Conferencia Tricontinental de La Habana se había celebrado en enero de 1966. Allí habían quedado perfectamente definidas tres posiciones: la soviética, partidaria de la coexistencia pacífica; la china, que propugnaba la insurrección mundial, y la cubana, que se mantenía en una postura intermedia, aunque acercándose más a la soviética, ya que propugnaba la coexistencia, pero reconociendo a los pueblos esclavizados el derecho a buscar la liberación. En un principio, Castro defendía más la postura soviética, mientras que Guevara era partidario de la china.

En cualquier caso, a partir de actitudes teóricamente opuestas, los dos personajes vienen a coincidir en la postura intermedia: para Castro lo fundamental es la reafirmación de su régimen en la isla; si la pudiera lograr por medio de la coexistencia pacífica, defendería esta postura a capa y espada. Pero el vecino país norteamericano no parecía dispuesto a extender el alcance de aquella táctica más allá de la otra gran potencia mundial, la URSS, y de ninguna manera, por supuesto, a sus relaciones con la nación gobernada por Fidel. Por consiguiente, éste decidió que la creación de nuevos estados revolucionarios en Iberoamérica era condición imprescindible para la supervivencia de su régimen en Cuba.

Por el contrario, para Ernesto Guevara, la lucha revolucionaria era esencial, pero la creación de núcleos guerrilleros necesitaba de una potencia que los apoyara. Si Cuba estuviera en condiciones de patrocinar la guerrilla en los países sudamericanos, el *Che* actuaría, naturalmente, de pleno acuerdo con ella.

De esta forma encontramos un buen punto de común entendimiento entre Fidel Castro y Ernesto Guevara. Y como en la carta de despedida de Ernesto éste no aclaraba de qué carácter iban a ser sus futuras relaciones con el régimen de Castro, Fidel, en la Conferencia Tricontinental del mes de enero, se apresuraba a especificarlo:

> *El compañero Ernesto Guevara, unos cuantos revolucionarios de este país y unos cuantos revolucionarios de fuera de este país, saben cuándo salió, qué ha estado haciendo en este tiempo. Y, desde luego, los imperialistas estarían muy interesados en saber, con todos los detalles, dónde está, qué ha hecho, cómo lo hace; al parecer, no lo saben, y si lo saben, lo disimulan mucho.*
>
> *(...)*
>
> *El compañero Guevara se unió a nosotros cuando estábamos exiliados en México, y siempre, desde el primer día, tuvo la idea, claramente expresada, de que, cuando la lucha terminara en Cuba, él tenía otros deberes que cumplir en otra parte, y nosotros siempre le dimos nuestra palabra de que ningún interés del Estado, ningún interés nacional, ninguna circunstancia, nos haría pedirle que se quedara en nuestro país, obstaculizando el cumplimiento de ese deseo o de esa vocación.*

De las palabras de Fidel se deducía que Ernesto gozaba de cierta independencia por lo que atañía a la revolución cubana, pero en sus actuaciones estaba plenamente de acuerdo con los dirigentes de la misma.

No obstante, después de estas declaraciones sobrevino un período en el cual la figura de Ernesto desapareció del interés público. Las críticas se habían acallado, las tensiones se habían ido relajando. Pero hacia julio de 1966 la leyenda de Guevara volvió a hacer acto de presencia. La policía de la provincia argentina de Misiones afirmó, el 5 de julio, que Ernesto podía haber estado en el país poco antes del golpe militar que había derrocado al gobierno constitucional de Illía. Se afirmó que el testimonio de varios chacareros de las zonas de Oberá y Campo Grande permitían suponer que el *Che* estuviera oculto en zonas próximas a esas localidades y que mantuviera contactos con personas que procedían de Paraguay y Brasil.

Después surgieron numerosas versiones contradictorias. Hacia finales de año había sido visto en Uruguay, adonde habría llegado desde Argentina para entrevistarse con personas residentes en allí.

La versión más concluyente fue la de Castro, hecha en enero de 1967 a Baltazar Castro, dirigente de la Vanguardia Revolucionaria del Partido Popular de Chile, durante un encuentro de béisbol en La Habana. Fidel le explicaba a Baltazar que los argentinos tenían un líder en potencia. Y a la pregunta de éste inquiriendo si ese líder podría ser Ernesto Guevara, Fidel se mostró concluyente al afirmarlo. Por lo que parece, Fidel Castro le dijo entonces al dirigente que no podía decirle dónde se hallaba el *Che*, pero que en noviembre tendrían noticias suyas.

Sin embargo, las especulaciones continuaban, refiriéndose incluso al internamiento del jefe guerrillero en un sanatorio psiquiátrico en México. Nada menos que seis países anunciaban su muerte violenta y hasta incluso se aventuraban a notificar que, tras la clara identificación de su cadáver, sus restos habían sido inhumados ¡a la vez! en Cuba con todos los honores (?); en lugar desconocido y de forma clandestina, en un subterráneo de una fábrica de la bulliciosa ciudad norteamericana de Las Vegas. Abundando en las diferencias que día a día se agrandaban entre el *Che* y Fidel Castro, desde Francia se emitió la hipótesis de que Guevara y el jefe del gobierno cubano habían llegado a tirotearse y, como consecuencia del hecho, el *Che* había quedado malherido...

Y continuaban las elucubraciones... La última inclinación de Ernesto hacia Pekín había provocado su «purga» por orden de Moscú. Un misterioso y extraño «Memorándum R», aparecido años más tarde y curiosamente en alemán, relató que el *Che* se encontraba hospitalizado porque tenía un estrés físico y moral difícilmente superable. Para evitar interpretaciones que pudieran desmerecer a la propia Revolución, Fidel había intervenido para indicar que la afección de Ernesto tenía una importancia relativa, puesto que se trataba tan sólo de trastornos transitorios... Sin embargo, estaba de acuerdo en que éstos reflejaban una inestabilidad psíquica que «se pone de manifiesto tanto en los excesos durante sus variados y numerosos viajes como cuando se reintegra a la vida política pública y privada».

El análisis profundo de esta referencia llevó a la conclusión de que quienes la habían difundido eran a todas luces miembros de un grupo anticastrista, pues continuaba: «... el *Che* lee cada vez con mayor deleite las obras completas de Trotsky sobre la Revolución de Octubre», y así atizaba el fuego de la inquina de Castro contra su antiguo camarada, del que, decía, recibía un aluvión de cartas explicándole utópicos proyectos revolucionarios para dar rienda suelta a su teoría de la revolución permanente y al ensayo una y otra vez, en escenarios tan exóticos como la isla africana de Zanzíbar, de su famosa y tan cacareada técnica guerrillera. Naturalmente, en este caso, los chinos habían dado el visto bueno para una posible colaboración. Es cierto que los libros del malogrado revolucionario muerto en México a manos de Ramón Mercader acompañaron a Ernesto hasta su tumba.

CAPÍTULO XXI

EL *CHE* HACE ACTO DE PRESENCIA

Las noticias del *Che* llegaron antes de lo que Castro había predicho. Primero, a través de una declaración que sirvió como apertura de la primera reunión plenaria de la OLAS. Luego, de un modo ya concluyente, desde Bolivia.

Castro, para fortalecer la actitud de Cuba dentro de los países socialistas, decidió la creación de una Organización Latinoamericana de Solidaridad (OLAS), cuyo fin principal era el de establecer un programa de acción conjunta para los distintos movimientos socialistas tanto de América Central como de América del Sur.

En el mes de abril de 1967, tres meses antes de que la OLAS celebrase su primera reunión, el capitán Osmani Cienfuegos, secretario ejecutivo de la organización, dio a conocer una declaración que, según él, había enviado el compañero Guevara. Cienfuegos también enseñó algunas fotografías del *Che*, como para desmentir los innumerables rumores de que éste había muerto.

Aquella reaparición pública, aunque el *Che* no hacía acto de presencia en persona, venía a demostrar que sus diferencias con Fidel habían quedado superadas, o bien que el plan para la guerrilla en Bolivia, a la que por entonces estaba entregado Guevara en cuerpo y alma, era obra de ambos personajes.

Más de la mitad de la declaración del *Che* estaba dedicada a analizar el fenómeno de las «guerras de liberación» en África y Asia. El resto se refería estrictamente a las perspectivas de las guerrillas en América Latina. Esencialmente, constituía un llamado general para iniciar una guerra contra los Estados Unidos en cada lugar donde esto fuera posible, y una intimación para hacerlo posible desde todos los lugares del planeta.

La primera parte del texto se dedicaba a analizar el proceso de la posguerra y, brevemente, las confrontaciones bélicas en Corea. Posteriormente, analizaba la situación del Vietnam. Afirmaba que, en su origen, la guerra del Vietnam respondía a las maniobras de Norteamérica para eludir el pronunciamiento popular, y que los bombardeos habían culminado toda la presión militar desarrollada por lo Estados Unidos para obligar a Vietnam del Norte a negociar y frenar su apoyo a las guerrillas del Sur. Más adelante, en otra parte del texto, se arremetía directamente contra China y la Unión Soviética. El texto, por otro lado, reiteraba el rechazo de cualquier alternativa que no tuviera que ver con la guerrilla y seguía insistiendo en la lucha contra el imperialismo.

Ahora cabe preguntarse: ¿lo había escrito el propio Guevara? En realidad, él no apareció por ninguna parte para dar fe de que ese escrito fuera suyo. ¿Obedecía, la resurreción de Ernesto, a una simple estrategia planeada por Fidel, o realmente era una realidad compartida por los dos revolucionarios?

Las preguntas quedan en el aire, y sólo cabe mencionar que, si ahora Ernesto volvía a ser tan amigo del régimen castrista, debía haber olvidado ya los reproches que había incluido en su carta de despedida a Fidel. En realidad, todos estos puntos oscuros se ven agravados por un hecho innegable: a pesar de todas las versiones, lo único que permanece es que, hasta ese momento, Guevara no había sido visto ni su presencia confirmada en ningún punto del planeta.

El Che *recorriendo la ciudad universitaria de Madrid.*

125

CAPÍTULO XXII
HACIA EL FINAL

Un mes antes, aproximadamente, de que en La Habana se hiciera público el texto de la declaración de Guevara dirigida a la OLAS en Bolivia fueron detectados algunos guerrilleros que operaban en las zonas próximas a las localidades de Vallegrande y Lagunillas, en el departamento de Santa Cruz.

El relato oficial de los hechos consignó que mientras un grupo de diez soldados al mando del subteniente Amézaga, del Ejército boliviano, realizaba tareas de levamiento topográfico en la región, habían sido atacados por guerrilleros, resultando que ocho de los diez soldados habían muerto. Los supervivientes habían logrado escapar y dieron aviso a la Cuarta División del Ejército. Entre el 23 y el 25 de marzo los guerrilleros habían sido perseguidos y doce de ellos habían resultado muertos, mientras que otros cuatro habían sido hechos prisioneros.

Panorama político de Bolivia en la época

A finales de 1964 había caído el gobierno izquierdista de Paz Estensoro. La causa principal había sido debida a que la miseria había ocasionado en el país el desplome del mercado del estaño, único producto de exportación boliviano.

El general René Barrientos había tomado el poder. Impuso un trato de mano de hierro a los trabajadores de los distritos mineros, casi todos afiliados al Partido Comunista, mas, por el contrario, había sabido atraerse a las masas campesinas, ya que, en líneas generales, había mantenido todos los asentamientos y repartos de tierra realizados por el anterior gobierno. Casi todos los campesinos estaban a favor de Barrientos, porque en él veían a un protector más que a un dictador.

Así estaban las cosas cuando el *Che* había llegado a Bolivia a mediados de septiembre de 1967. El bloqueo impuesto a Cuba por los Estados Unidos y el secreto que se debía mantener en torno al viaje de Guevara, le obligaron a seguir un complicado itinerario. De La Habana había viajado a Madrid; de Madrid a Sao Paulo y luego llegaría ya a Puerto Suárez, en territorio boliviano, para ir hasta Cochabamba.

Algunos de los que serían sus ayudantes le habían precedido. Eran quince en total, casi todos procedentes de la famosa cuarta columna.

Para llegar a Bolivia, aquellos hombres se habían distribuido en cuatro grupos. Todos llevaban documentaciones falsas y llegaron a Bolivia en distintas fechas.

En Cochabamba, segunda ciudad boliviana por el número de habitantes, Guevara entró en contacto con algunos miembros del Partido Comunista de Bolivia. Su primera entrevista la tuvo con Jorge Kolle Cueto, en la cual parece ser que éste le ofreció una amplia visión de la situación político-social del país, no muy ajustada, al parecer, a las ideas concebidas por Guevara para una revolución. En Bolivia, según Kolle, la revolución podría tener éxito siempre y cuando se basara más en el proletariado minero que en el campesinado.

El cuartel general de la guerrilla

Ernesto también mantuvo conversaciones con Roberto Peredo, miembro del Comité Central del Partido Comunista.

Peredo propuso a Guevara la compra de una finca que él conocía, situada en un paraje desierto e inhóspito que llevaba el nombre de Nancahuazu. El lugar se hallaba cerca de Lagunillas, en la provincia de Santa Cruz. Peredo consideraba que la finca era muy adecuada para instalar en ella el centro de operaciones para una guerrilla, con la ventaja de que, además, si era explotada convenientemente, podía dar alimento a un buen número de combatientes. La granja tenía unas mil doscientas veintisiete hectáreas.

La idea de Peredo era buena. La finca se hallaba en el centro de una zona selvática. A Nancahuazu se iba desde Lagunillas por un camino que discurre por los inmensos dominios de El Pincal. A partir de aquel punto había que seguir por senderos apenas señalados en la espesura de la selva. Las plantas trepadoras lo cubrían todo, de manera que para abrirse paso se tenían que utilizar machetes. Todo esto se veía incrementado porque el río que traspasaba la finca era un verdadero nido de mosquitos.

Se podría pensar que desde el punto de vista de la guerrilla aquella zona resultaba ideal para la lucha, pero resultaba bastante insalubre para el hombre.

En cualquier medio ambiente, el guerrillero ideal debe ser aquel a quien el medio ambiente le favorezca; difícilmente será buen guerrillero el que luche fuera de su país. Las condiciones del combatiente autóctono no pueden ser improvisadas en un campo de entrenamiento. Guevara, posiblemente, constituía una excepción a esa regla.

Al *Che* se le presentaba un nuevo problema: ¿podría reclutar hombres de la región? En la provincia de Santa Cruz la población era escasa, y además, estaba formada por el campesinado, que desde la reforma agraria no sentía el menor interés por modificar su situación.

Guevara, tal como le había indicado Kolle, se veía obligado a reclutar a gente que no tenía nada que ver con el medio rural. Luego, la experiencia demostró que los combatientes de procedencia urbana o de los distritos mineros nunca se aclimatarían a las pésimas condiciones ambientales de la provincia de Santa Cruz.

El grupo que se instaló en Nancahuazu estaba formado por Ernesto, Pombo Tuma y Loro, que, inicialmente, se dedicaron a efectuar el reconocimiento de los alrededores de la finca a fin de establecer sus campamentos y depósitos. Los primeros días se instalaron a un centenar de metros de la casa, a orillas del río, para iniciar la excavación de túneles con el objetivo de ocultar el armamento.

Nancahuazu se convirtió en el cuartel general de Ernesto, adonde, de noche, se dirigían los guerrilleros escondidos en los alrededores para recoger sus raciones, dar los partes oportunos y recoger las órdenes.

Los reclutas procedían en su mayor parte de los distritos mineros. La noticia de que Guevara estaba en el país provocó un clima de gran exaltación entre ellos, los cuales discutían la conveniencia de incorporarse o no a la guerrilla.

La situación no fue nada cómoda para los dirigentes del Partido Comunista. Por un lado, oponerse resueltamente a la guerrilla podía motivar que aquél llegara a aliarse con los trotskistas y con los prochinos, ya que el *Che* no cerraría ninguna puerta a cualquier esfuerzo que pudiera llegarle; mas, por otro lado, seguirle a ciegas significaría romper definitivamente con las directrices de la Unión Soviética.

Ante aquella dualidad, el secretario general del Partido Comunista se trasladó a La Habana para entrevistarse personalmente con Fidel Castro. Éste acabó aconsejándole que procurara llegar a un acuerdo con el *Che*.

El acuerdo no llegó a formalizarse, pues vuelto de nuevo el secretario a Bolivia, la entrevista con Guevara no llevó a conclusiones satisfactorias para ambos.

CAPÍTULO XXIII
PRIMERAS ACCIONES

La vida en el campamento no era nada fácil. La zona de operaciones seguía tranquila, por falta de adversario; pero Ernesto, sabedor de lo que la inacción podía desmoralizar, había impuesto un régimen de durísima actividad.

Además de los ejercicios de instrucción militar y del trabajo agrícola para suministrar provisiones, los guerrilleros tenían que soportar largas sesiones de adoctrinamiento. Los mejor dotados tenían que estudiar el quechua, la lengua de los indios aborígenes, para servir de intérpretes en los contactos que se mantuvieran entre los guerrilleros y la población autóctona.

En el mes de febrero, la despensa quedó prácticamente vacía. Guevara se enteró de que su proveedor de La Paz, recomendado por los comunistas locales, resultó ser un traidor a la causa: después de haber expedido dos o tres envíos se había esfumado con los 250.000 dólares que Guevara le había confiado. Los guerrilleros hubieron de recurrir a los cacahuetes y a capturar monos para poder comer.

Pronto la moral empezó a decaer. Se produjeron deserciones y desapareció armamento.

Por otro lado, las relaciones con la población cercana tampoco eran buenas. Algunas de las patrullas enviadas en misión de reconocimiento pudieron observar que, cuando un campesino les veía de lejos, procuraba tomar otro camino.

Los guerrilleros empezaron a pensar que los lugareños les habían denunciado, pues a finales de febrero se empezaron a ver por la región las primeras patrullas de militares. El día 16 de marzo desertaron dos mineros. Posiblemente se entregaron a la policía militar, pues en los servicios secretos del Ejército se dio la alarma general. Los dos mineros se llevaron consigo ropas que demostraban la presencia cubana en la zona, pues algunas de las prendas iban etiquetadas con la inscripción «Casa Albión, La Habana».

Guevara decidió entonces que se hacía imprescindible cambiar de táctica. Para los guerrilleros terminaba el largo período de inactividad.

El 23 de marzo el *Che* conseguía su primera victoria. En un encuentro con fuerzas muy superiores, los guerrilleros diezmaron a los enemigos, sin experimentar ellos ninguna pérdida. En total habían matado a siete hombres, hecho prisioneros a nueve y herido a otros cuatro. Los heridos y prisioneros fueron devueltos a su campamento, después de que los primeros recibieran las primeras atenciones.

Aquel encuentro había sido, sin lugar a dudas, un éxito militar, pero también fue un error táctico, ya que dos de los prisioneros liberados, que tenían el grado de oficial, se encargaron de empeorar la situación. Cuando regresaron a su campo, despojados de sus armas y municiones, para salvarse exageraron la importancia del grupo guerrillero por el que habían sido sorprendidos. Según ellos, la guerrilla sobrepasaba los quinientos hombres.

El Estado Mayor de Bolivia creyó lo dicho por los dos oficiales y tomó las medidas oportunas para enfrentarse a un grupo tan numeroso de guerrilleros.

Mientras, al margen del aparato militar que se iba a movilizar, la opinión antibolchevique también se movilizó en el país. El Frente Revolucionario que había llevado al poder al dictador Barrientos, declaró su apoyo incondicional a éste.

Pero mucho peor que este apoyo resultó la actitud que adoptó la Confederación Nacional de Campesinos, otorgando su apoyo a Barrientos.

Rechazaron totalmente la intromisión de elementos extranjeros en el país y decidieron la movilización general de los campesinos, a fin de formar milicias que colaborasen en la defensa de la nación y de sus intereses.

El ejército siguió, por su parte, dando cuenta de acciones militares. El día 30 de marzo los partes militares señalaban un encuentro al norte de Lagunillas, otro en Tiraboy, donde resultaron muertos dos guerrilleros, y el ametrallamiento desde el aire de un grupo de hombres que se dirigía hacia la frontera con Paraguay.

Otro parte también anunciaba que un aeropuerto clandestino, sobre el río Grande, había caído en manos del Ejército. Y un despacho de Sucre fechado el mismo día explicaba que un ayudante de Ernesto Guevara estaría al mando de aproximadamente unos cuatrocientos guerrilleros que operaban en la zona de Nancahuazu.

Éste era el primer reconociminto por parte del ejército boliviano de que Guevara estaba en el país.

No obstante, el día 1 de abril, para desmentir los rumores de que Ernesto Guevara se hallaba en Bolivia al mando de los insurrectos, Barrientos afirmó rotundamente que Guevara estaba muerto.

Mientras tanto, el coronel León Kolle Cueto, hermano del jefe del Partido Comunista, había viajado hasta Buenos Aires y, pese a los desmentidos oficiales, se verificó después que la policía de dicho país había establecido, a petición del militar boliviano, un refuerzo de prevención en las zonas fronterizas.

El día 3 de abril, Ovando Candia retomaba el mando del Ejército y formuló ciertas declaraciones que pretendían restar importancia al asunto. Explicó que la acción de las guerrillas se circunscribía únicamente a la zona sudeste y que no había otros focos guerrilleros.

Afirmaba que el foco guerrillero no había alterado la vida del país y que éste desarrollaba su actividad normal, aunque había que esperar un proceso largo, dado el carácter de operación de los grupos guerrilleros.

Al cabo de cuatro días anunciaba el propio Ovando Candia que el movimiento guerrillero había sido desbaratado y que sólo quedaba un grupo de unos setenta hombres.

El 11 de abril se produjeron más encuentros entre las tropas regulares y grupos de guerrilleros. Al día siguiente, el Gobierno de Barrientos declaraba el estado de emergencia en cuatro provincias sudorientales, donde operaban los guerrilleros.

El día 13, el Gobierno anunció la decisión de formar un grupo especializado de rangers, grupo especializado antiguerrilla.

Es interesante señalar aquí algunos rasgos de la precaria situación socioeconómica en que vivía y vive el país andino. Bolivia, uno de los países iberoamericanos de renta per cápita más pobre, lleva por ironía del destino, aunque orgullosamente, el nombre del libertador o emancipador de Hispanoamérica: Simón Bolívar. Es un estado andino con alturas de más de tres mil metros y en donde los principales núcleos de población, como La Paz o Sucre, se encuentran a más de tres mil y casi tres mil, respectivamente, en el denominado Altiplano. No posee salida al mar, como consecuencia de la guerra con Chile entre 1879 y 1884 en la que perdió todo el territorio costero (provincia de Atacama, rica en nitratos). Tras la guerra del Pacífico en 1903, tuvo que ceder el territorio de Acre al Brasil. Finalmente, enfrentada al Paraguay en la denominada guerra del Chaco (1932-1935), aunque por el tratado de paz de 1938 retuvo el acceso al río Paraguay, perdió gran parte de su territorio, conservando, sin embargo,

A principios de 1965 tuvo dificultades con Castro y abandonó Cuba con rumbo desconocido.

parte de la región disputada: el Chaco, con explotación petrolífera.

La población, mayoritariamente indios y mestizos descendientes de los antiguos quechuas y aimaras, que constituyeron el floreciente imperio incaico, y con brillantes restos anteriores como Tiahuanaco, vive un atraso notable con alto grado de analfabetismo. La economía principal es la de la minería del estaño, muy mediatizada por los EE.UU., exportándose mediante un ferrocarril de trazado muy difícil, por la altura, que le une al puerto chileno de Antofagasta. Bolivia ha sido uno de los países iberoamericanos que ha padecido mayor número de golpes de Estado, desembocados en las dictaduras consiguientes, prueba de su inestabilidad sociopolítica. En los años siguientes a la Primera Guerra Mundial las inversiones hechas por los grandes consorcios norteamericanos, como la Standard Oil Co., permitieron intervenir decisivamente en la economía y en la política boliviana; otro tanto hicieron los financieros, como Patiño, el famoso Rothschild y Aramayo, controladores del estaño. De esta forma, el país quedó hipotecado política y económicamente.

En esta situación de dependencia, Bolivia posee una larga tradición de lucha de las organizaciones obreras, que se remonta a principios del siglo XX, pero el Partido Comunista es relativamente joven, pues en la época de intervención del *Che* no llegaba a los veinte años. El marxismo penetró en Bolivia de la mano de otros partidos, como el PIR (Partido de la Izquierda Revolucionaria), organización política nacida de la radicalización producida tras la derrota boliviana en la guerra del Chaco. Algunos dirigentes del PIR —partido compuesto en buena parte por intelectuales un tanto alejados de la problemática obrera— fundaron en 1950 el Partido Comunista Boliviano. Pero la agrupación marxista de mayor tradición y más ligada al movimiento obrero, hasta que la influencia de la Revolución Cubana se hiciera sentir en el país, es el POR (Partido Obrero Revolucionario) creado en 1934 y dependiente de la Cuarta Internacional (no lo olvidemos, de cariz trotskista).

Así, pues, el Partido Comunista Boliviano era una organización más bien minoritaria y enérgicamente perseguida por el Gobierno del general Barrientos.

CAPÍTULO XXIV

CONCIENCIA DE FRACASO

En el campo guerrillero, mientras tanto, nadie, incluido el *Che*, revelaba el menor optimismo. Los principios expuestos en el libro *Guerra de guerrillas* escrito por el *Che* fallaron en Bolivia; los guerrilleros se mostraban incapaces de crear por sí mismos las condiciones necesarias para el triunfo de la revolución. Además, en sus fuerzas no había ni un solo campesino.

Ante un caso como aquél, al que debía hacer frente, cuando se daba el hecho de que unos revolucionarios por naturaleza se negaban a representar su papel, el guerrillero debió pensar en lo conveniente que hubiera sido el haber previsto una solución alternativa. Un fallo que consistía en no haber previsto que la misma teoría podía fallar y en no tener preparada ninguna solución al respecto.

Esta salida bien hubiera podido ser la de una buena «frontera de apoyo», pues Mao, por ejemplo, durante la época de guerrillero tenía a mano la frontera soviética; también los vietnamitas contaban con el apoyo de la frontera china; y el mismo Guevara contaba en Sierra Maestra con los aviones americanos que llegaban repletos de armas. En cambio, ahora tenía tres fronteras a mano, pero todas estaban repletas de soldados de ejércitos enemigos.

Ya que los campesinos habían fallado, la última esperanza del movimiento guerrillero podía ser el apoyo que les llegase de los grupos ciudadanos de oposición; pero, en cualquier caso, se trataba de una débil esperanza. El *Che* debía reconocer que ni siquiera había conseguido asegurarse la colaboración de su aliado natural, el Partido Comunista.

Ernesto intentaba enmendar en parte sus errores políticos a fuerza de pericia militar. En Iripiti, cerca de su cuartel general de Nancahuazu, sus perseguidores sufrían otra derrota. Esta vez los soldados muertos fueron once, siete los heridos y once más habían caído prisioneros.

Alejado momentáneamente el peligro de cerco, Guevara decidió que tres visitantes civiles que había en Nancahuazú abandonaran el campo guerrillero, pues de alguna manera entorpecían la libertad de movimientos de los revolucionarios. Estos tres visitantes eran el francés Regis Debray, el argentino Ciro Bustos y un fotógrafo británico llamado George Andrew Roth. Bustos había llegado al campamento por motivos de índole política, mientras que los europeos lo habían hecho simplemente llevados por un afán de notoriedad periodística.

Guevara no sabía cómo deshacerse de los tres hombres, ya que la zona se hallaba estrechamente vigilada por las fuerzas regulares. Cuando la acción del 10 de abril pareció que dejaba una brecha abierta, aconsejó a los tres civiles que aprovecharan la ocasión para abandonar el campamento. Poco podía prever Ernesto que el día 20 de abril una patrulla militar apresaría a los tres hombres.

Los tres reconocieron haber estado en la guerrilla, pero a título periodístico.

En un principio, el arresto de estos tres hombres apenas tuvo repercusión. Pero a partir del 15 de mayo, Candia hizo saber que el Gobierno tenía la plena seguridad de que las guerrillas estaban dirigidas por comunistas extranjeros que recibían las instrucciones desde La Habana. En el comunicado quedaba implícita la idea de que Debray era uno de los que transmitían aquellas instrucciones.

Al cabo de tres días, es decir, el 18 de mayo, una segunda declaración oficial comprometía aún más la posición de

Debray: ante una junta militar, el coronel Serrudo afirmó tajantemente que el *Che* Guevara en persona mandaba las guerrillas en Bolivia bajo el seudónimo de «Comandante Ramón». Hasta entonces el hecho no había sido reconocido de forma oficial e incluso se ha de recordar que el propio Barrientos había desmentido al general Belmonte cuando éste había dicho que Guevara andaba por tierras bolivianas, diciendo de forma concluyente que Guevara había muerto.

Total, que Guevara estaba en el país y Debray había sido acusado de ser su agente. La situación para el francés no podía ser más comprometida.

Debray juró ser inocente una y otra vez cuando se inició el juicio contra él el día 28 de mayo.

Durante el proceso, Debray fue autorizado a dar una conferencia de Prensa. Debray explicó a los periodistas que había llegado a Bolivia en los primeros días de marzo de 1967, procedente de Chile y con la misión de realizar un reportaje sobre el Ejército de Liberación. También dijo que no había estado nunca con el *Che* Guevara.

Pero al día siguiente, el tribunal militar que lo juzgaba dio a conocer el texto parcial de su declaración en la instrucción del sumario, y ante la sorpresa general se leyó que Debray afirmaba que había estado en la guerrilla con Guevara. Este testimonio explicaba también que Guevara estaba en el país desde noviembre de 1966 y que su misión consistía en crear un foco guerrillero. El testimonio concluía que había permanecido con Ernesto hasta el 8 de marzo.

El propio presidente francés, De Gaulle, se interesó por la suerte del periodista, y de esta forma envió una comunicación a Barrientos. Éste le contestó de la siguiente forma:

Señor Presidente Charles De Gaulle:

En contestación a su carta fechada a 5 de mayo, la cual acabo de recibir, tengo que indicarle que el destino del ciudadano francés Regis Debray depende única y exclusivamente de la justicia de Bolivia.

No me cabe ninguna duda de que allí en Francia, y ante su generoso concepto, este hombre sea considerado joven y brillante universitario. Sin embargo, aquí, desgraciadamente, sólo lo conocemos como un intruso subversor implicado en el asesinato de veintisiete soldados, civiles y jefes de nuestras Fuerzas Armadas, y como teórico de la violencia para destruir el orden establecido.

Las faltas realizadas en la juventud no pueden servir de velo protector para mitigar los desmanes que se perpetran contra la Humanidad, contra la sociedad civil y contra la vida y seguridad de los ciudadanos de un pueblo pacífico, como el que yo presido, que vive dedicado a su existencia democrática y a su desarrollo interno tratando de superar los obstáculos y resabios del injusto pasado que ahora se empeñan en volver a recordar las bandas organizadas y mercenarios que cumplen órdenes e intereses ajenos a los intereses del pueblo boliviano.

La justicia del Gobierno que presido responde con cristiana civilización a la ley de la traición y el crimen con que los extranjeros han desafiado la soberana voluntad de Bolivia, paralizando obras de desarrollo, segando vidas preciosas y sembrando luto y justa indignación.

Creo que este desagradable suceso no deberá perturbar las buenas relaciones existentes entre nuestras naciones, y le pido que admita que, si para usted lo primero es Francia y los franceses, para mí Bolivia y los bolivianos están por encima de todo.

Crea, señor presidente, en los sentimientos de mi más sincera y cordial consideración.

René Barrientos.

Después del testimonio de Debray en el juicio, las informaciones militares daban cuenta de un progresivo acercamiento a los grupos guerrilleros. Día a día, los encuentros se hacían más frecuentes y las acciones guerrilleras más habituales. Mientras el ejército regular iba cerrando las salidas con precisión en el cerco de Nancahuazu, los guerrilleros intentaban abrirse paso para abastecerse.

No obstante, el 12 de julio, algunos funcionarios norteamericanos se mostraban escépticos ante las versiones concluyentes, originadas en Bolivia, acerca de la presencia de Guevara en la guerrilla. Aducían que la única prueba concreta de que Guevara pudiera estar allí era la declaración del francés Regis Debray, amigo personal de Castro.

El 17 de agosto, el día en que se inició el juicio público, Debray concedió una entrevista a un periodista de la United Press. En ella Debray volvió a ser concluyente afirmando que sí había estado con Guevara, aunque se contradijo en las fechas, pues decía que había estado con él a finales de marzo, mientras que en el sumario militar se decía que había estado con Guevara hasta el 8 de marzo.

El día 31 de agosto, el ejército regular dio muerte, durante un encuentro, a la guerrillera Tania, nombre de guerra de Haydee (o Heidi) Tamara Bunke Bider, una argentina que había conocido al *Che* en 1960, durante la visita de éste a la República Democrática Alemana. Se dice que Tania había sido un amor oculto del Che*.

---

* El padre de Tania era un maestro alemán y la madre una judía polaca. Ambos huyeron en 1935 del régimen nazi y se instalaron en Argentina, donde en 1937 nació Tania. Mientras algunos biógrafos afirman que obedecía órdenes de Moscú o del propio Fidel para vigilar las acciones del *Che*, otros la ensalzan como protagonista de un papel relevante entre los guerrilleros bolivianos.

Esta mujer, atractiva, rubia y de ojos azules, había llegado a Bolivia con el nombre supuesto de Laura Gutiérrez Baur. Una vez en La Paz, adonde llegó cumpliendo la importante misión que le encomendó el *Che*, se inscribió como alumna de la Escuela de Farmacia de la Universidad de San Andrés. A nadie despertó sospechas que una chica atractiva abandonara una ciudad como Buenos Aires, desdeñando todas sus facilidades educacionales, para matricularse en una Universidad de Bolivia.

Al cabo de pocos días de su llegada a La Paz, Laura había sido acogida por la mejor sociedad, llegando a convertirse en una mujer conocidísima en los círculos elegantes.

Laura cumplió fielmente con la misión que le había sido encomendada por Ernesto, organizando todos los contactos que luego habría de utilizar el jefe guerrillero a su llegada al país.

Pero Tania había caído en una emboscada el 31 de agosto de 1967 en el vado del Yeso, junto al comandante cubano Vitalio Acuña y diez guerrilleros más. Su cuerpo, arrastrado por la corriente del río Masicuri, fue encontrado cinco días después. En su mochila llevaba unas grabaciones de música oriental y unas veinte fotografías de Ernesto Guevara.

El Gobierno boliviano, entonces, se apresuró a presentar esta nueva documentación como testimonio adicional para confirmar la continuada presencia de Guevara en Bolivia.

Una y otra vez Debray afirmó su condición de inocente, su condición de periodista y su carácter de intelectual dispuesto a testimoniar antes que a tomar partido.

Una y otra vez, también, el Gobierno anunciaba la aproximación del cerco militar a los efectivos guerrilleros encajonados en la región de Nancahuazu. Hacia finales de agosto, los encuentros eran más frecuentes y violentos, aunque breves.

El día 10 de septiembre, el propio Barrientos anunció de forma precisa y exacta que Ernesto Guevara se encontraba entre los guerrilleros, dirigiendo las operaciones en el encierro de Nancahuazu. La precisión y la seguridad con la que hacía la afirmación sorprendió a todo el continente. Dos días más tarde, el propio Barrientos ofrecía una recompensa de 4.200 dólares a quien lograra capturar, vivo o muerto, al jefe guerrillero.

La misma noche del día 12 una noticia deja estupefacta a toda la población iberoamericana. Varias agencias de prensa atribuyeron a Barrientos la noticia de que Guevara había muerto en un combate registrado aquella misma tarde. El día 13, por la mañana, la noticia se confirmaba. Pero aquella misma tarde, Ovando Candia, en conferencia de Prensa, informaba con calma que Guevara seguía en Bolivia y que todavía estaba vivo.

Cuando el canciller boliviano, Walter Guevara Arce, presentó las fotografías encontradas a la guerrillera Tania, y que constituían una de las pruebas públicas que alegaba el gobierno boliviano para demostrar la presencia de Guevara en el país, se desató una polémica en torno a la autenticidad del documento. Se dijo, incluso, que las fotografías podían haber sido trucadas. Esta afirmación procedía de distintos sectores de la izquierda, que describían el hecho como una maniobra de Barrientos para poder contar con apoyo norteamericano. También los sectores derechistas decían que el apaño de las fotografías era un intento, por parte de los guerrilleros, de sorprender la ingenuidad del Gobierno boliviano, ya que Guevara había muerto, o bien en Cuba, o bien en Santo Domingo.

Dos días más tarde, la certidumbre gubernamental sobre la presencia de Guevara se convierte en un anuncio futurista, ya que se dice que la captura de Ernesto *Che* Guevara es inminente. Curiosa predicción la de saber con certeza que se va a capturar al jefe de un ejército enemigo...

Mientras tanto, corren rumores acerca de la vida que lleva Ernesto en las guerrillas. Se dice que está enfermo, que su

145

cuerpo es trasladado a lo largo y a lo ancho del frondoso monte de Nancahuazu, en camilla, y que le faltan medicamentos. Parece que su asma crónico se ha agravado alarmantemente.

El 9 de octubre, a la noticia de que la inminente captura del *Che* es cuestión de poco tiempo, se sumó la de que Guevara había muerto en combate.

El parte militar relataba que los guerrilleros habían sido sorprendidos, entre el 5 y el 6 de octubre, en una zona próxima a la cordillera andina, en dirección a las fronteras con Argentina y Paraguay. Los efectivos militares, compuestos por soldados rángers bolivianos, se habían dividido en dos grupos para enfrentarse a los guerrilleros, pero éstos se habían dispersado por el monte, y únicamente después de una enconada persecución había podido establecerse un cerco y empezar la batalla, la cual dio comienzo a las dos de la tarde del domingo 9 de octubre en un paraje cercano al poblado de Higueras.

Las cuarenta y ocho horas que siguieron a esta declaración fueron de confusión total. En las primeras horas de la madrugada del día 10, el Estado Mayor boliviano todavía no había confirmado esta noticia. Un parte inicial indicaba que en la lucha habían resultado muertos nueve combatientes, entre soldados y enemigos, y que entre estos últimos se encontraba presumiblemente Ernesto Guevara. Horas más tarde, el jefe del Estado Mayor del Ejército, el coronel Marcos Vázquez, informaba que el «Comandante Ramón» había muerto, sin duda alguna. Más tarde, hacia el mediodía, las fuerzas armadas bolivianas anunciaron oficialmente que Guevara había muerto.

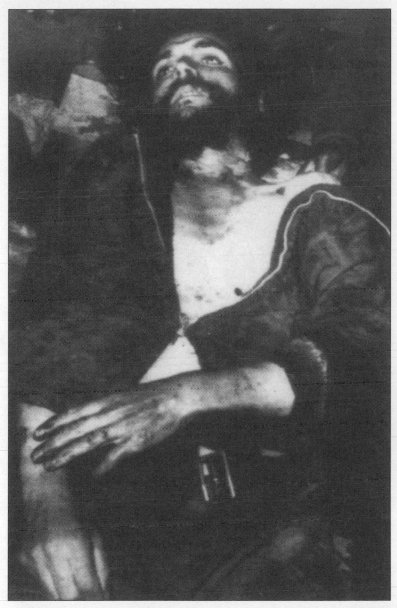

El 9 de octubre de 1967, Che Guevara muere en Bolivia tras ser apresado en combate.

CAPÍTULO XXV

EL FINAL DE LA TRAGEDIA

En este capítulo intentaremos reconstruir el final de la tragedia no, a través de los comunicados oficiales, sino de la forma en que se relata en el libro escrito por Ricardo Rojo, *Mi amigo el Che.*

Cuando las tropas perseguidoras supieron que el mismísimo *Che* Guevara estaba al frente de la guerrilla, cambió el significado del combate. Dominar a la guerrilla resultaba secundario ante el objetivo principal: acabar con el *Che.* Porque, aunque la guerrilla fuese aniquilada, si Guevara seguía con vida la guerrilla rebrotaría.

La lucha se hizo más violenta y cruenta. Las confrontaciones eran breves, con pocas víctimas; pero se multiplicaban hora a hora y crecía asímismo el número de muertos. En El Mesón, al sur del monte Dorado, cayeron dos soldados. Algunos días más tarde, dos en Taperillas. En el mismo lugar y en un segundo encuentro, los muertos fueron tres soldados y un oficial.

Por aquellas fechas, entre combate y combate, Guevara y Roberto Peredo redactaron la primera declaración pública de la guerrilla. De rigor era que se adjudicase la condición de «Ejército de Liberación Nacional».

La declaración se trataba de un documento muy extenso, pero apenas se leyó en Bolivia. No obstante, cuando logró filtrarse a través de las fronteras, muchos periódicos extranjeros la publicaron. Mas, a pesar de la proclama, no se cambió la opinión que se había ido formando sobre la situación de la guerrilla: los insurrectos estaban cogidos en una ratonera y nada podía salvarlos.

En el mes de junio, no obstante, se abrió para la guerrilla una puerta de esperanza. Parecía que finalmente se empezaban a cumplir las previsiones teóricas de Guevara, pues muchos mineros se sumaban a la insurrección.

El 12 de junio asaltaron el puesto de policía de Llalagua; el 20 declaraban las zonas de Catavi y Hanuni como «zona libre». Pero el 24 del mismo mes, las fuerzas del ejército iniciaban una terrible acción represiva: en San Juan fueron muertos más de cuarenta mineros y otros cien resultaron heridos.

La matanza de San Juan acabó con el único esfuerzo en potencia que podían esperar los guerrilleros. Mas, a pesar de todo, éstos parecían no desesperar.

Por los mismos días en que el levantamiento minero era fuertemente reprimido, unos cuantos hombres de Guevara alcanzaron la línea ferroviaria que une Yacuiba, en la frontera de Argentina, con Santa Cruz. Luego siguieron a lo largo del trayecto del ferrocarril. El avance se realizó con luchas incluidas, pues unidades del ejército fueron rechazadas en El Espino y después en Muchiria. La columna consiguió cruzar el río Grande por Abapo, siguió por la orilla izquierda y luego prosiguió a lo largo del río Rositas.

El objetivo que se perseguía era el de llegar a la carretera de Santa Cruz-Cochabamba, en plan de demostración por territorios habitados, ya que la soledad del territorio de Nancahuazu anulaba los efectos propagandísticos de cuantas hazañas se producían.

Los guerrilleros lograron bloquear, el 7 de julio de 1967, la carretera de Santa Cruz a Cochabamba; cortaron la línea telefónica y se apoderaron de un autocar. La columna, convenientemente motorizada, penetró en la localidad de Samaipata y la conquistó sin necesidad de luchar.

Esta operación alcanzó plenamente los fines propagandísticos que se proponían. Tanto el Ejército como el propio Gobierno quedaron cubiertos del más estrepitoso ridículo, y los movimientos políticos opositores aprovecharon para arremeter contra el gobierno de Barrientos.

Los hombres del *Che* acamparon cerca del río Morocós. Y el ejército aprovechó la ocasión para atacarlos de improviso.

Como fuera la primera vez que el ejército atacaba por iniciativa propia, pillaron desprevenidos a los guerrilleros. En este enfrentamiento perdieron buena parte de las municiones y armas que habían conseguido en la población de Samaipata.

A partir de aquel momento, para la guerrilla no habría ni un solo instante de tranquilidad. El ejército seguía sus pasos muy de cerca.

Uno de los episodios que hicieron correr más sangre tuvo lugar el día 31 de agosto.

El comandante Acuña Núñez, hombre de confianza de Guevara, recorría la zona del vado del Yeso, en la confluencia del Masicuri con el río Grande. Iba con los diecisiete hombres que le quedaban. Dos de los guerrilleros se acercaron a una casa que había cerca del río y pidieron algo para comer; como le dijeron a la mujer que al día siguiente regresarían, el hijo de la campesina fue con la noticia a los soldados.

Efectivamente, al día siguiente aparecieron otra vez los hombres de Acuña Núñez. Cuando cruzaban el río, desde la espesura de la orilla les llegó una descarga cerrada. Acuña murió en el acto. Los demás hombres intentaron salir del agua aunque ninguno de ellos lo consiguió.

Ocho supervivientes, que no habían llegado al río y que habían logrado salvarse, se tropezaron de nuevo con los soldados en Yajo Pampa dos días después. Murieron cuatro de ellos y de esta forma quedó desarticulada una de las mejores unidades guerrilleras con que contaba Guevara.

De todo el antiguo grupo insurrecto quedaron unos veinte hombres. La táctica guerrillera entonces se redujo a una continua huida. En aquella marcha, los insurrectos recorrieron las zonas de Carapari, Yuque y Ticucha.

En Iquira se enfrentaron a los soldados. Y en ese encuentro el *Che* perdió unos documentos, entre los cuales había fotografías y numerosos apuntes de su *Diario*.

Guevara decidió entonces que el reducido grupo se dividiera todas las mañanas en varios subgrupos para poder desplazarse con mayor movilidad. Al anochecer, los catorce hombres de Guevara debían reunirse en un lugar previamente convenido.

El día 7 de octubre el acosado grupo proseguía su marcha por un campo sembrado de patatas. Las huellas quedaban perfectamente impresas en el terreno.

Al día siguiente, una campesina dijo a unos soldados que había escuchado voces en el cañón del Churo. Los militares enviaron algunos hombres a reconocer el lugar. Al cabo de pocos minutos, una ráfaga de ametralladora denunciaba que los guerrilleros habían sido sorprendidos.

Guevara fue herido, pero todavía intentó defenderse. Varias ráfagas le habían alcanzado. Había sido acribillado pero ninguna de las heridas era demasiado grave.

Sin embargo, no pudo escapar y fue apresado.

Llevado a Higueras, una localidad distante a doce kilómetros del lugar donde había caído herido, esperó su destino en la escuela rural donde fue depositado.

El 9 de octubre, a primera hora, llegó la orden de que Guevara tenía que ser fusilado aquella misma mañana.

El capitán Prado le disparó una ráfaga de metralleta, mientras que el coronel Selnich se encargó de rematarlo.

CAPÍTULO XXVI

OTRA VERSIÓN

El general boliviano Gary Prado Simón ha publicado recientemente un libro, titulado *Cómo capturé al Che,* en el cual explica, extensamente, su versión de los hechos. El libro es una recopilación de datos, en el cual se incluyen, además, gráficos para una mejor comprensión de las acciones realizadas, tanto por los guerrilleros como por el ejército boliviano.

Posiblemente, la parte que más nos interesa en esta biografía es la de la muerte de Ernesto Guevara de la Serna. Su exposición de los hechos es prácticamente la misma que circuló de forma oficial, aunque, por supuesto, mucho más extensa y detallada.

Veamos cómo sucedieron éstos, siempre según el general Prado:

> *(...)*
> *Mientras tanto, el sargento Huanca ha concluido su registro de La Tusca sin encontrar novedades. Recibe la orden del capitán Prado de internarse por la parte inferior del Churo, bajo el apoyo de los morteros y ametralladoras, para proseguir hacia arriba hasta encontrar a la sección del subteniente Pérez y limpiar así la quebrada. (...) Utilizando granadas de mano y con gran coraje, el sargento Huanca asalta la posición y, aunque pierde un hombre y deja otros dos heridos, rompe la resistencia ocasionando la*

muerte de Antonio y Arturo, facilitando así la progresión del resto.

Es en ese momento que el Che, ayudado por Willy, viéndose solo en el interior de la quebrada, pues sus otros hombres no pueden acudir en su auxilio, intenta escapar por una chimenea lateral trepando cuidadosamente hasta alcanzar la altura desde donde pensaba poder deslizarse hacia otra quebrada. Sin embargo, su movimiento estaba siendo observado por dos soldados que constituían elementos de seguridad del puesto de comando y de las piezas de morteros, que los dejan avanzar hasta que, cuando se encuentran a un metro de ellos, les intiman la rendición, avisando a su comandante de compañía, que estaba a unos quince metros: «Mi capitán, aquí hay dos, los hemos agarrado.» Presentándose en la posición, el capitán Prado observa a los guerrilleros y pregunta: «¿Usted quién es?», dirigiéndose a Willy, que contesta: «Willy», verificando luego su identidad como Simón Cuba de Huanuni, y luego el otro: «¿Y usted?», a lo que viene la respuesta: «Soy el Che Guevara»; extrayendo una copia de los dibujos de Bustos, el oficial compara los rasgos y luego le pide que extienda la mano izquierda, donde observa claramente en el dorso una cicatriz que se había indicado como una señal particular de identificación.

Así se describe el momento en que el *Che* Guevara es apresado. Posteriormente, se explica que el *Che* y el otro prisionero son conducidos a La Higuera, donde al día siguiente reciben la visita del coronel Zenteno y de un agente de la CIA. Poco después, se reciben órdenes de que los dos prisioneros sean fusilados.

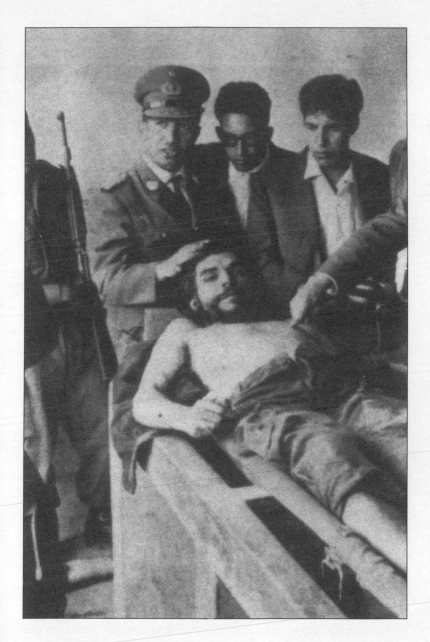

El cadáver del Che *Guevara en el pueblo boliviano de Higueras.*

En *La Higuera*, el coronel Zenteno, comunicándose con Vallegrande, con el puesto de comando de la División por medio del equipo de radio allí instalado, preguntó en dos oportunidades qué disposiciones había del Alto Mando. En ambas ocasiones se le contestó que aguardara instrucciones que vendrían luego del Cuartel General de Miraflores, de La Paz.

Al promediar las once de la mañana, una llamada por radio trajo estas instrucciones. Sin mayores explicaciones, la orden simplemente disponía la ejecución sumaria de los prisioneros.

La instrucción generada en la Presidencia de la República, en acuerdo con el comandante en jefe y el jefe del Estado Mayor General, tenía sus fundamentos justificativos, que se tratarán de resumir, desde el punto de vista de quienes en ese momento detentaban el poder político y militar de la nación:

— Se consideró como más importante para la opinión pública internacional el mostrar al Che derrotado en combate y muerto que prisionero.

— El juicio a Debray ya se estaba convirtiendo en una molestia, por sus repercusiones internacionales, las que serían definitivamente mayores si se procesaba al jefe de la guerrilla.

— Los problemas de seguridad con el Che, durante su juicio y posteriores a su segura condena, serían difíciles y mantendrían viva su imagen, con intentos ciertos de liberarlo, lo que significaría mantener un dispositivo especial que garantizara el cumplimiento de la pena a ser impuesta.

— Con la eliminación del Che, se asestaría un duro golpe al castrismo, frenando su política de expansión doctrinaria en América Latina.

156

Y el coronel Zenteno se encarga de pedir dos voluntarios, presentándose el suboficial Mario Terán y el sargento Bernardino Huanca, que se encargarán de terminar con las vidas de Guevara y de Willy. Los cadáveres son transportados a Vallegrande, desde donde se anuncia oficialmente que «El *Che* Guevara ha muerto».

Se han conservado dos *Diarios* del *Che* redactados durante su última aventura en el infierno verde de Bolivia. Una horrible letra, difícil de leer, revela la angustia y crispación por la que debía pasar el guerrillero en aquellos días. Excepcionalmente, como si previera su próximo fin, la retórica y ampulosidad de otro tiempo es sustituida por una realista y lacónica descripción. A pesar de ello, entre las confusas noticias que ofrece sobre su situación real, deja entrever su confianza en la victoria: «Hoy empieza una nueva etapa. Ayer llegamos a la finca por la noche. El viaje fue bastante bueno. Mi llegada no ha tenido inconvenientes... El panorama se perfila bueno en esta región apartada, en la que todo hace pensar que nos podremos quedar todo el tiempo que sea necesario.» Esto indica el 7 de noviembre de 1966.

El día 12 de diciembre, el *Che* explica a sus hombres los objetivos de la empresa guerrillera que van a iniciar y se erige como único comandante de la misma. Sin embargo, el último día del año, llega Mario Monje, dirigente del Partido Comunista ilegal boliviano con el visto bueno de Fidel Castro. Monje ha recibido instrucción militar en La Habana, así como un grupo de estudiantes bolivianos; junto con Monje, lo habían hecho algunos dirigentes del partido.

A partir de aquí las cosas se complicarían, como anota el *Che* en su *Diario*: «La recepción ha estado cordial pero tensa...». ¿Por qué llegaba?

Ante la propuesta de Monje de asumir el liderazgo del movimiento militar, el *Che* se negó enérgicamente. Ya en el campamento, Monje intentó que los guerrilleros abandonasen al

Che, cosa a la que se negaron en redondo. Poco después, Monje abandonó el grupo. Pero el ambiente estaba cargado de nubarrones y el *Che* se transformaba en un blanco fácil, tanto para los enemigos como para los amigos de otro tiempo, que veían en él y en su peculiar forma de llevar los planes adelante, un obstáculo para sus políticas respectivas.

CAPÍTULO XXVII
¿MITO O REALIDAD?

Por supuesto, el anuncio de la muerte del *Che* y la propia muerte fueron cosas diferentes para los sucesos que siguieron en los días siguientes a los comunicados oficiales.

¿Cuáles eran las pruebas que aportaba el Ejército de Bolivia para anunciar su triunfo, dadas las proporciones de las fuerzas en combate?

Los primeros indicios señalaron que se habían hecho las comprobaciones científicas pertinentes. Otra versión indicaba que fue el mismo Guevara quien se había dado a conocer.

El cadáver fue presentado en Vallegrande y, ante él, el mismo general Ovando Candia relató cómo sucedieron los hechos.

En realidad, éstos se asemejan mucho a los descritos en el capítulo anterior.

El cadáver que se presentó mostraba el torso desnudo y presentaba un rostro cuyas características más destacadas eran unos arcos supraciliares muy prominentes —que podrían coincidir con los del *Che*—. Mostraba, además, en torno al óvalo del rostro, una barba crecida; los ojos estaban semicerrados y se podía suponer una expresión de burla en la boca. Presentaba una entrada de bala en el tórax y otra en la ingle.

La versión de Ovando Candia fue, más o menos, la que sigue:

Guevara fue el primero en caer durante la lucha. Al verlo caer, un grupo de soldados, sin saber que el hombre en cuestión era el *Che*, se acercó y lo llevó hasta sus filas. Los guerrilleros, al ver la maniobra, intensificaron sus acciones y

159

trataron, sin conseguirlo, de acercarse. El cuerpo, tendido en tierra, estuvo sin custodia y sin atención durante bastante tiempo, hasta que concluyó la refriega.

Posteriormente, un helicóptero recogió a Guevara y lo trasladó hasta Vallegrande. En el helicóptero viajaba el mayor Niño de Guzmán, y éste oyó las últimas palabras del *Che:* «Yo soy el *Che* Guevara, y he fracasado.»

Como pruebas adicionales, Candia explicó que se habían tomado las huellas dactilares del hombre en cuestión y se había comprobado que pertenecían a Ernesto Guevara de la Serna. También se presentó el *Diario del Che.*

En realidad, la versión de Candia únicamente difiere en el final con la de Ricardo Rojo. ¿Asesinado en Higueras o, por el contrario, muerto en el helicóptero a causa de las heridas de la lucha?

Lo que sucedió entre el momento de la captura por los soldados y la presentación del cadáver en Vallegrande es algo que ha suscitado las más diversas y encontradas versiones.

Además de la de Rojo y la de Prado, otra de las versiones habla del fusilamiento de Guevara inmediatamente después de haber sido reconocido. Otra explica que este acto fue cometido después de largas polémicas entre grupos adversos de oficiales bolivianos unos partidarios de mantenerlo vivo, mientras que los otros se hallaban plenamente convencidos de la necesidad de que muriera. Hay versiones, incluso, que pretenden mostrar a un Guevara enfurecido, insultando y escupiendo a sus apresores; otra indica que fue muerto, después de herido, al intentar agredir a un oficial. Y todavía hay otras —bastantes— que dudan de la exactitud de su muerte.

El 10 de octubre, en La Habana hay un mutismo absoluto. En los medios de la izquierda hispanoamericana se palpa la decepción tanto como el escepticismo. ¿Ha muerto o no el *Che?*

Entre tanto, en Argentina se reunió la familia para establecer la identidad del muerto. Durante la reunión se llegó a la conclusión de que Roberto Guevara debía trasladarse a Bolivia a identificar el cadáver.

Cuando Roberto llegó a Vallegrande, las autoridades militares le recibieron con una sorpresa: el cadáver había sido incinerado, aunque se le habían amputado varios dedos para la verificación dactiloscópica. Las cenizas se guardaban en un lugar secreto.

Una información del 13 de octubre relataba algunos episodios incidentales de la incineración. Después de haber sido exhibido el cadáver a los periodistas, había sido enterrado secretamente.

Pero el día 11, por la tarde, cuando se anunció que al día siguiente llegaría el abogado Roberto Guevara para identificar al *Che*, se ordenó la exhumación del cadáver y se procedió a la cremación.

También los elementos para efectuar la incineración han sido puestos en tela de juicio. ¿Contaba, quizá, Vallegrande con medios para incinerar cadáveres? ¿Se había rociado simplemente el cuerpo y se le había prendido fuego?

El mutismo en La Habana se prolongó todavía durante el 11 de octubre.

No obstante, el día 12 los periódicos cubanos transcribieron las versiones de la muerte del *Che*, aunque sin formular ningún comentario al respecto.

El silencio siguió hasta el día 15, cuando finalmente Castro anunció la muerte de Ernesto *Che* Guevara, con la apostilla de «aunque su familia no lo crea».

Pero, mientras esto sucedía en La Habana el día 15, el 14, Roberto Guevara, a su regreso a Buenos Aires, declaraba que no podía asegurar que el cadáver presentado a los periodistas fuera el de su hermano. Incluso llegó a decir que le parecía que todo aquello no era más que una falsedad.

Desde que el *Che* viaja a Argel y desaparece de la escena pública política hasta que se conoce su famoso comunicado, «Crear dos, tres, muchos Vietnam», y se detecta su presencia en Nancahuazu, nada cierto se sabe de lo que pudo hacer, aunque se dé casi por sentada su estancia en el Congo, durante la rebelión «simba» de Pierre Mulele, basándose en el episodio de su *Diario,* en el que lamenta la muerte del guerrillero Ricardo, «un viejo compañero de aventuras en el Congo».

Las pruebas de que de camino hacia Bolivia hubiera residido el *Che* en Uruguay las ofrece Hugo Cambini, que dijo que «el *Che* había llegado a dicho país procedente de Sao Paulo con aire de ejecutivo y el pelo teñido de rubio». Con mayor concreción se afirmó entonces que se estableció en Montevideo en un chalé del barrio de los carniceros de Carrasco y que allí fue presentado a varios tupamaros (movimiento de liberación revolucionario fundado en Uruguay en 1962, inspirado en las ligas campesinas del Brasil y que tenía por líder a Raúl Sendic, capturado en 1970) como un camarada que venía de Cuba, pero sin revelar su identidad auténtica.

En la actualidad hay indicios para creer que el *Che* llegó a Uruguay con toda certeza, puesto que en una acción de la policía uruguaya contra el local de los tupamaros en 1968 se encontraron elementos propios para fabricar pasaportes, semejantes a los que se usaron para falsificar los que el *Che* utilizó en Bolivia, donde, según estos documentos, entraría como Adolfo Mena González y como uruguayo contratado nada menos que por la propia OEA (Organización de Estados Americanos) para analizar sobre el terreno las condiciones de vida del campesino boliviano y auspiciar soluciones.

Siguen las hipótesis

No obstante, a pesar de todo lo dicho hasta el momento, cabría hablar ahora de otra cuestión. Muerto en 1965, cuando desapareció de la escena pública, poco o mucho después de su llegada a La Habana, o bien muerto en Higueras o Vallegrande, hay un hecho que parece irrefutable: Fidel Castro no parece ajeno a la muerte de Guevara.

Consideramos de suma importancia las hipótesis elaboradas sobre esta cuestión, que han llenado páginas enteras de rotativos y publicaciones de todo el mundo. Algunas de ellas pretenden demostrar que si Guevara murió en Cuba con anterioridad a la guerrilla boliviana, la complicidad de Castro es indudable.

Pero, incluso pensando que el lugar de su muerte fuera Bolivia, en el caso de que hubiera sido muerto por las tropas regulares del ejército boliviano, su muerte presenta todavía dudas que no deben pasarse por alto.

En un principio, la guerrilla apareció en Bolivia cuando, al parecer, todavía no estaban preparadas para intervenir. Incluso no queda muy claro el objetivo estratégico básico de la guerrilla: si tenía como objetivo esencial la revolución en Bolivia, o bien si respondía a un propósito únicamente territorial. De tratarse de esta segunda suposición, la alternativa parece bastante pueril si se considera el detallado estudio y diferenciación que el mismo Guevara fue capaz de realizar en los diferentes momentos de la gestación de la fuerza guerrillera.

Otra alternativa distinta consiste en pensar que el grupo concentrado en la finca de Nancahuazu fue allí solamente para entrenarse, aunque llegó a un nivel razonable de desarrollo, tanto por la calidad como por la cantidad de sus miembros.

Haría falta conocer bien el *Diario* del *Che* para confirmar esta hipótesis, que parece corroborada por los hechos que se desarrollaron posteriormente, ya que la siguiente operación guerrillera de cierta importancia tuvo lugar el 10 de abril en Ipiriti, y respondió a la necesidad apremiante de conseguir medicinas.

Una guerrilla dispuesta a luchar no hubiera seguido, sobre todo con Guevara al frente, unos pasos tan inseguros.

Parece probable que la guerrilla fue sorprendida antes de haberse lanzado al ataque, y esto lo confirman las propias palabras de Fidel a Baltazar Castro cuando le decía que «tendrían noticias de Guevara en el mes de noviembre». Las noticias, de ser ciertas, se produjeron mucho antes.

Tanto la guerrilla como el propio ejército boliviano parecieron andar a tumbos durantes las primeras semanas del enfrentamiento. El propio Ovando Candia reconoció que hasta el 3 de abril sólo había habido un encuentro. Lo mismo sucede en cuanto al número de integrantes de la guerrilla, el cual llega a cifrarse en una ocasión hasta de quinientos hombres.

Si el grupo descubierto a finales de marzo era sólo un grupo de entrenamiento, la actitud de los guerrilleros es coherente. Y en ese caso se podría pensar que la presencia de Guevara en tales condiciones no implica más que una mera participación como instructor o coordinador, tal como en su carta dirigida a la OLAS parece indicar.

La falta de operaciones de la guerrilla durante el mes de abril es un indicio sólido de la falta de preparación para el combate.

La reunión de la OLAS, cuya declaración implicó un respaldo a la actitud política de Guevara, ¿significó de alguna forma un fracaso político para Castro? o, por el contrario, ¿fue para él un puntal de apoyo en su lucha con la dirigencia soviética? Cuando se reunió la OLAS, las diferencias existentes entre Cuba y la Unión Soviética parecían haberse agrandado. En el discurso final de la reunión, Castro no aportó nada nuevo, y se dedicó a repetir los esquemas más o menos conocidos acerca del imperialismo, respaldando, de alguna manera, la acción revolucionaria.

No obstante, es posible pensar en la alternativa de un grupo guerrillero triunfante en algún lugar de Hispanoamérica, auspiciado por un Guevara destituido en La Habana. ¿Cuál hubiera sido entonces la situación para Castro?

164

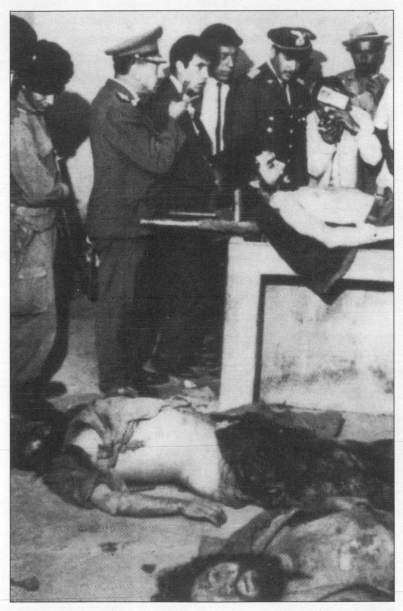

El ejército boliviano quiso que la prensa fuera testigo de la muerte del Che Guevara.

Un nuevo punto de poder disidente fuera de Cuba podía complicar seriamente las cosas. Y de cualquier forma, aunque no triunfara el movimiento propiamente dicho, implicaba, sin lugar a dudas, un serio compromiso para Castro. Sería posible introducir agentes en Venezuela, mantener la acción en Guatemala o incluso intentar acciones que alcanzaran gran resonancia y no comprometieran a fondo los esfuerzos económicos de la isla. Pero, ¿qué hubiera pasado si Guevara hubiera empezado a tener éxito en su gestión boliviana, además de convertirse en un factor de competencia política de envergadura?

¿Hasta dónde hubiera podido ayudar Castro sin que sufriera ningún perjuicio su poder en Cuba?

Desde que Guevara marchó de La Habana, si en realidad no murió antes, con toda seguridad fue un verdadero quebradero de cabeza para el líder cubano.

Tanto las declaraciones del francés Debray como algunas de las notas del *Diario* de Guevara que salieron a la luz, parecen coincidir en que éste se introdujo en territorio boliviano en noviembre de 1966. Pasaron cerca de cinco meses hasta que se produjo el primer encuentro con un grupo de militares. Después de esto, una fecha se destaca del conjunto: aproximadamente el 6 de marzo llegó al campamento de Guevara Regis Debray. Sobre el 20, después de marchar con los otros dos civiles, empezó la detección de las guerrillas.

Los pasos de Debray antes de establecer contacto con los guerrilleros fueron ampliamente divulgados gracias a las aportaciones hechas por la acusación ante el tribunal que le juzgó, y en ningún momento fueron desmentidas por el mismo Debray. En La Paz, éste se presentó en dependencias militares para conseguir cartas geográficas de la región de Nancahuazu. No se ocultaba, y sus pasos podían ser observados sin limitaciones en cualquier sentido.

El nombre de Debray no era desconocido en América del Sur. Había escrito artículos sobre guerrillas en numerosas revistas de tendencia izquierdista. Además, durante su estancia en Cuba apareció en bastantes ocasiones al lado de Fidel. Con él estuvo en la reunión de la Tricontinental en enero de 1966 y se publicó una fotografía en la que se le veía junto a Castro en un cañaveral.

Se puede suponer que el Servicio de Inteligencia boliviano no tuviera métodos muy precisos. Pero si, como gustaban de afirmar los castristas, la CIA disponía un cerco constante en Cuba y seguía los pasos de toda la plana mayor del Gobierno cubano, es fácil imaginar que el servicio de contraespionaje yanqui estuviera enterado de la llegada de Debray a Bolivia después de salir de La Habana.

Ahora cabría preguntarse si un hombre que marcha de Cuba con un destino tan preciso como el que llevaba Debray, lo hubiera hecho sin adoptar las medidas necesarias para que sus pasos no fueran seguidos.

Según se puede entresacar de sus propias declaraciones y si se intenta reconstruir su itinerario, su llegada a la guerrilla sucede el 6 de marzo. Pero hasta el 20 de marzo no vio a Guevara, aunque primero dijo que fueron apenas dos días, y con seguridad convivió anteriormente a esas dos semanas con grupos del movimiento, aunque de menor significación.

Pongamos por caso que el 20 conoce a Guevara. Durante casi un mes, las acciones del ejército regular se limitaban a dar palos de ciego, ampliando el área de represión a una extensión formidable de territorio boliviano.

Pero el 20 de abril Debray sale de la guerrilla junto con los otros dos extranjeros. Y a partir del 26 del mismo mes, el ejército, que había permanecido hasta entonces disperso por un territorio amplísimo, empieza a concentrarse en las cercanías de Nancahuazu. Después de una tregua, que no se sabe con certeza a qué pudo obedecer, allí empezaría la persecución implacable al *Che*.

Si fuera cierto que la misión que Guevara encomendó a Debray, como él mismo dijo en el texto de su defensa, era la de informar en el exterior de la presencia del guerrillero en la región, no podemos explicarnos su titubeo.

El 29 de junio decía a los periodistas que nunca había visto a Guevara. No obstante, al día siguiente el Tribunal que le juzgaba dio a conocer el texto de la confesión en la cual reconocía haber estado con Guevara.

En estos momentos cabe elaborar otra hipótesis. Podría ser que Debray hubiera salido por su propia iniciativa de Cuba, que se hubiera enterado casualmente de la presencia de Guevara en la guerrilla boliviana y que hubiera decidido obtener la máxima información al respecto para posteriormente elaborar un artículo de resonancia internacional. Ya que no existen pruebas interiores del régimen cubano y de la guerrilla que permitan afirmar o negar ninguna de las dos versiones, se pueden mantener todas las incertidumbres del caso y no decidirse por ninguna de ellas.

Pero resultó que Debray se indignó cuando se hizo pública su confesión ante el tribunal y se dedicó a afirmar que ignoraba si Guevara se encontraba en Bolivia o no con posterioridad a la fecha en que lo vio por última vez. Molesto, escribió una carta a sus padres, con fecha de 12 de julio, en la cual, entre otras cosas, decía, aunque veladamente, que había sido torturado y explicaba que era sabedor de que se le había dado por muerto.

En unas declaraciones hechas a los periodistas al iniciarse la vista pública, contaba lo que había sucedido cuando fue detenido en Muyupampa. Dijo que había sido recluido en el cuartel de Choreti, donde fue torturado hasta que perdió el conocimiento; pero que posteriormente había sido tratado con respeto, al menos físicamente, ya que había sido torturado moralmente en el sentido de que se le había hecho creer que se había difundido la noticia de que había muerto, lo cual le daba a suponer que podían matarle en cualquier momento sin que nadie se enterara. Esto había durado alrededor de un mes hasta que su familia llegó a Bolivia.

Todas las explicaciones que dio de sus actividades en las declaraciones a los periodistas tendían a demostrar la ingenuidad de su culpa, descargando así su responsabilidad jurídica. Pero, al mismo tiempo, suministraba un interesante material para inferir los procedimientos que había seguido hasta el momento de entregarse en Muyupampa.

Decía que había sido enviado por un editor francés y por una revista mexicana. El propósito de la visita era entrevistarse con Guevara. Para tal menester se le había dado toda la información necesaria a fin de ponerse en contacto con alguien que le llevaría hasta Tania. Y todo esto lo había hecho en compañía de Ciro Bustos.

La insistencia de Debray en indicar que Bustos viajó con él plantea nuevos interrogantes. ¿Qué tenía que ver Bustos en el asunto? Un joven pintor argentino, militante de izquierdas, aunque de poco relieve, que declaró en cierto momento que había sido llevado con embustes a la guerrilla, y que lo único que pretendía era asistir a una conferencia de iberoamericanos a celebrarse en Bolivia. Lo cierto es que, por las declaraciones de Debray, cabe imaginarse que Bustos estuvo un mes entre los guerrilleros. De cualquier forma, no existen datos que expliquen el papel que jugó Bustos en todo esto.

Por otro lado, en el momento en que se dio a conocer la noticia oficial de la muerte de Guevara, todas las declaraciones de Debray fueron desmentidas por él mismo y pidió formular una nueva confesión, en la que demandaba que se le juzgara por haber sido solidario y simpatizante con la guerrilla. La pena, si se le consideraba culpable, era la de treinta años de prisión, aunque se le podía canjear por algunos presos políticos en Cuba.

El mismo día que Debray hacía su confesión, en Washington, María Luce Araluce, esposa de Huber Matos, pidió el favor para su marido ante la Comisión Interamericana de Derechos Humanos, alegando que Matos corría peligro de muerte y que no se le había vuelto a ver en la prisión militar de La Habana, desconociéndose su paradero en el momento de presentar su denuncia. ¿Se puede hablar de coincidencia?

Entre tanto, y como ya se ha dicho, cuando se conoció la muerte del *Che* empezó a circular por la izquierda iberoamericana una corriente de misticismo, que llegó a comparar al guerrillero con una personificación del mismo Jesucristo. Si la muerte de Guevara no se confirmaba, las mentes más imaginativas podían forjar un nuevo Jesucristo capaz de reaparecer en los momentos más indecibles, suponiendo ello la salvación de muchos seres.

Desde el punto de vista político, esto implicaba una cuestión de tiempo. Guevara vivo y triunfante era un peligro en potencia, pero muerto también podía convertirse en un peligro incontrolable. En Cuba se guardó silencio mientras se observaba cómo se desarrollaban los hechos. Pero luego fue necesario intervenir, y urgentemente.

Con toda la pompa que merecía el caso, y mientras la propia familia de Guevara aún mantenía dudas sobre la veracidad de la muerte de su pariente, Castro copó las cámaras de televisión y las emisoras de radio durante más de dos horas para dar su versión de los hechos. Afirmó rotundamente que Guevara había muerto, y no quedaba otra cosa que hacer que rendirle los honores que se merecía.

Cuando empezó su discurso recordó que en diferentes ocasiones se habían publicado noticias de que Guevara había muerto, pero que siempre se podía apreciar que éstas eran infundadas. Pero cuando el día 9 de octubre comenzaron a llegar las noticias relativas a este hecho, todo hacía suponer que las mismas eran preocupantes, aunque no se podía decir nada definitivo. Recordaba, entonces, que hubo algunas contradicciones en las noticias posteriores, con lo cual eso animaba a pensar que podía tratarse de nuevo de un error. Sin embargo, habían empezado a llegar algunos otros indicios, como las fotografías, en las que ya las dudas comenzaban a quedar desvanecidas. En una de las fotografías —según Castro—, se veía tan claramente al *Che* que quedaba descartada toda inverosimilitud. Por otro lado, adujo otras pruebas circunstanciales que apoyaban la certidumbre de la muerte de Ernesto Guevara, tales como la letra del propio *Che* escrita en las notas del *Diario*, su estilo al expresar sus ideas, etc.

Así, cabe suponer que Castro poseía documentación del *Diario* del *Che*.

Por otro lado, Castro también defiende esta tesis aduciendo que en Bolivia se habían contradicho tantas veces que era imposible que, para decir una mentira, no se hubieran puesto de acuerdo.

Más adelante, en el mismo discurso, Castro se cuidó de relatar que el cerco a Guevara fue tendido el 29 de septiembre, conforme a una noticia que leyó de la Associated Press. Y esto le llevó a afirmar que en ese momento el gobierno de Bolivia, con la certeza de la presencia de Guevara en su territorio, había podido cercarlo y terminar con él. Su razonamiento tendió a probar de modo convincente que el descubrimiento, la batalla y finalmente la ejecución de Ernesto había sido causada por una delación. Después se dedicó a hacer un elogio al valor militar del guerrillero muerto.

Castro está convencido de la muerte de Guevara, al menos así lo afirma. Pero un cable de la Associated France Press, de 15 de octubre, el mismo día del discurso de Castro en La Habana, reproducía una hipótesis curiosa digna de ser tenida en cuenta.

El cable hablaba de un artículo publicado por el diario *Le Figaro*, en donde se exponía que la muerte del *Che* bien podía ser tenida como el último episodio de una batalla entre los servicios secretos norteamericanos y los cubanos. Y se hablaba de una hipótesis en la que se proponía que los servicios secretos cubanos tenían interés en robustecer el mito Guevara, temor de todos los gobiernos de América Latina. A la vez, querían averiguar todos los rumores que hablaban de que Guevara había muerto dos años atrás. La hipótesis decía más o menos que los servicios cubanos habían hecho llegar a Bolivia documentos sobre la presencia del *Che* en ese país y que el gobierno boliviano los había aceptado de buena fe; por otro lado, la CIA, que en un principio había hecho correr rumores de que el *Che* había muerto en La Habana, aceptó en un principio no desmentir los documentos y los llegó a autentificar con la intención de difundir algún miedo en las capitales iberoamericanas; finalmente, el 9 de octubre, al transformar al «Comandante Ramón» en el célebre Guevara, la CIA tiraba por tierra la audaz construcción de los servicios secretos cubanos y así los hacía caer en su propia trampa.

El artículo de *Le Figaro* citaba, entre otras cosas, como elementos abandonados por los cubanos, el propio *Diario del Che.*

Esta hipótesis haría suponer, por tanto, que Guevara no murió en Bolivia en 1967 sino que había muerto mucho antes.

Sólo diez años después de los acontecimientos, Justo Piernes, en la revista *Historia 16,* recordó su visión del cadáver del *Che.* Justo Piernes fue un periodista argentino que había sido enviado a Bolivia por el diario *Clarín,* de Buenos Aires, y había dado la primicia de que el denominado «Comandante Ramón», jefe de la guerrilla que actuaba en el oriente boliviano, era el doctor Ernesto Guevara, el *Che.* Por entonces Argentina vivía la dictadura de Juan Carlos Onganía y las palabras subversión, guerrilla o guerrillero se hallaban prohibidas. Piernes tuvo que hablar entonces de que «en el oriente boliviano se habían detectado grupos sospechosos».

En 1977 Piernes relataría lo siguiente: «Una noche, mientras los corresponsales cenábamos en el hotel, aburridos por la falta de noticias, llegó Reque Terán y sentándose a la mesa nos anunció:

—El *Che* Guevara fue muerto en acción. Su cadáver está en Higueritas. Mañana todos ustedes serán llevados hasta allí para que lo puedan comprobar.

Era octubre. El sol daba muy fuerte sobre el jeep que nos llevaba de Camiri a Higueritas, unos cien kilómetros de camino de tierra. Descendimos ante la pobre comisaría, con sus paredes descascarilladas. Cuando penetramos en la casa nos encontramos de frente con un cadáver situado en un camastro. No era el *Che* Guevara. Por coincidencia se trataba de otro guerrillero que se apellidaba igual, pero era un minero que vivía en la ciudad de Oruro, a cien kilómetros al sur de La Paz. Después nos llevó hasta un salón contiguo cuyo único mueble era una mesa de mármol situada en el centro del recinto. Sobre el mármol, un cuerpo tapado con una traza marrón. Reque Terán destapó su cabeza. Aquélla sí era la cabeza de Ernesto Guevara, el *Che.* Su rostro afinado, anguloso, con facciones serenas, blanco como el mármol de la mesa donde reposaba el cadáver, me pareció el de Jesús.

Imposible evitar un estremecimiento.»

¿A qué intereses sirve un mito?

Así, pues, sea como sea, lo cierto es que el revolucionario murió. Pero en el mismo momento en que se dio la noticia, fuera falsa o verdadera, el mito ocupó el lugar del hombre.

La última aventura de Ernesto Guevara de la Serna, más conocido como el *Che,* acabó con la muerte.

A modo de epílogo podríamos decir que, cuando menos, sus palabras se hicieron realidad: «No sé cuándo moriré, pero lo que sí sé es que la muerte no me pillará en la cama.»

Más de uno ha querido ver en la aventura boliviana su deseo particular de encontrar allí la muerte. Pero esto ya han sido añadiduras de tipo fantasioso, pues en realidad resulta difícil poder hablar de cuestiones tan profundas como el deseo de morir. Lo único que hay de cierto es que el *Che* murió en su ambiente, entregando su vida por lo que él creía, la guerra de guerrillas. Aunque, paradójicamente, la guerrilla boliviana no estaba forjada por la revolución de las masas campesinas, y tampoco los móviles nacionales o meramente estratégicos aparecen claramente definidos.

La moral y personalidad de Ernesto Guevara no pareció definirse hasta el momento en que se convirtió en un soldado de guerrillas, en Sierra Maestra. Con la guerrilla, en consecuencia, parece concluir su vida errante. La fuerza de los acontecimientos que se desencadenaron junto a sus iguales, lo detuvieron momentáneamente en su camino.

Y esa condición de guerrillero le vinculó más estrechamente con el ideólogo que habitaba en él. Todos los escritos del *Che* se basaron en las nociones de la guerra de guerrillas. En el libro que lleva precisamente el nombre de *Guerra de guerrillas*, teorizó sobre la organización, necesidades y formas de comportamiento de los guerrilleros.

Si el mito viene después de la muerte y se desea utilizarlo para emprender nuevas aventuras o simplemente para no perder el poder, será preciso, de cualquier forma, dotarlo de una parafernalia de la que adolece. El mismo Guevara, si no se le hubiera dado una cierta propaganda, no hubiera sido más que un revolucionario fracasado. La misma aventura del poder le vino grande. Fracasó como ministro, y el adoptar el papel de todopoderoso en Cuba no le benefició. Y cuando quiso volver a lo que creía que sabía hacer mejor, la revolución, encontró la muerte cerca de la finca de Nancahuazu, en los montes bolivianos.

¿Qué fue, entonces, lo que creó el espíritu de héroe en la imaginación colectiva? Expresar que fue la simple necesidad

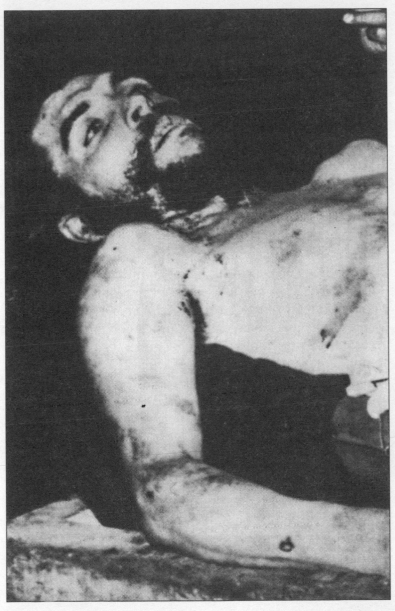

Su muerte en plena acción guerrillera contribuyó a su leyenda revolucionaria.

de forjar un mito es decir muy poco. En Guevara se encuentran sin duda rasgos que podrían estimular la atención media de un público desconcertado, necesitado de algunas incitaciones aventureras; la rebelión sin fin es necesaria hasta para el reaccionario más acérrimo. La rebelión, por sí misma, sin signo que la califique, carece de un sentido necesario. En el caso de Ernesto Guevara, el signo no podía ser precisamente el del campesino, ya que él nunca perteneció a esa clase; ni el del obrero de la ciudad, el cual sólo llega a admitirlo por ser necesario para el sustento del poder; ni de la burguesía o los sectores más técnicos. Su signo fue más bien el de los compañeros de la guerrilla, y cuando se rebelaba lo hacía como expresión de protesta por los peligros que corre ese mismo poder, esté acertado o no.

Mas para que siga perdurando el mito del *Che* será necesario que haya material dispuesto a encarnar una nueva banda de guerrilleros y que llegue a experimentar los mismos sinsabores y las mismas aventuras que la cubana, y la misma necesidad de prescindir, al llegar al poder, de todos los otros componentes de la sociedad, tal como hacen los partidos comunistas. Éstos crean un sistema de lealtades y las racionalizan en función de unas ideologías meditadas, hechas según se vayan necesitando, pero justificadas, todas ellas, por una experta retórica escolástica. El ejercicio del poder tiene ya dispuesto un buen abanico de justificaciones capaces de permitirles una prolongada independencia.

El heroísmo de Ernesto Guevara no pareció, al menos en un principio, satisfacer otras perspectivas que las del mismo romanticismo revolucionario de los adolescentes. El tiempo, no obstante, que todo lo aclara, dirá si en realidad sirvió a otras necesidades.

CAPÍTULO XXVIII

RASGOS DE LA PERSONALIDAD DE GUEVARA

Para finalizar, consideramos interesante incluir unos datos acerca de la personalidad del *Che* Guevara.

Los lectores pueden haberse hecho ya una idea de cómo era y cómo pensaba Ernesto Guevara de la Serna, pero unos pocos datos más no vendrán sobrados.

No se hablará aquí de cómo era el muchacho, el adolescente Ernesto Guevara, pues cuando realmente se define su carácter y su forma de actuar será a partir de la invasión de Guatemala. Cierto que, cuando estudiante de Medicina e incluso antes, se hubiera podido adivinar, ya que en él se notaba un cierto matiz que indicaba una tendencia a la revolución por la revolución.

En Machu-Picchu, con su amigo de juventud Alberto Granados, durante el primer viaje de Guevara por tierras hispanoamericanas, habiendo defendido Granados, en el curso de una conversación, las tácticas reformistas, respondió con estas palabras: «¿Empezar una revolución sin disparar tiros? ¿Estás completamente loco?» Pocos días después, Guevara se volvió a mostrar partidario de la acción violenta. Pero eso fue todo hasta Guatemala.

Ese hombre, Ernesto Guevara, era de mediana estatura, bastante delgado y con la piel blanca y como transparente. El *Che* impresionaba favorablemente en un primer encuentro. Lo que

177

más llamaba la atención en su aspecto físico eran los arcos supraciliares, muy prominentes, los cuales daban profundidad a su mirada.

Desde Sierra Maestra acostumbraba a vestir el uniforme verdeolivo de los soldados rebeldes, y como única distinción del triunfo de la revolución cubana lucía como insignias dos pequeñas estrellas en los hombros de la ruda tela de campaña.

Se mostraba muy correcto en sus modales, aunque su cortesía era un tanto cerebral, nada espontánea. El *Che* solía hablar pausadamente, en tono bajo y con un marcado acento argentino, ya que marcaba mucho las eses y alargaba las vocales de forma acompasada.

Desde los tiempos de Sierra Maestra ya se presentía el mito del *Che*. Sus hombres han contado que era un jefe respetado, temido, pero a la vez querido. Los soldados soportaban estoicamente sus duros castigos, que podían ir desde tres días sin comer hasta una semana sin tabaco, uno de los peores castigos que se puede infligir a un revolucionario.

Ya hemos dicho anteriormente que los rebeldes admiraban su forma de ser. Fidel, en los tiempos de Sierra Maestra, comía la ración de tres hombres, mientras que Ernesto compartía las privaciones de la tropa. Rechazaba toda distinción personal por su cargo o jerarquía. No obstante, ya avanzado el tiempo en Sierra Maestra, Ernesto empezó a mostrarse bastante orgulloso de su cargo —recordemos que Fidel le nombró comandante— y de su propia importancia.

Así, algunos escritos del *Che* de aquella época nos muestran rasgos de su personalidad, un tanto pretenciosa. Y también se pueden apreciar muestras de su crueldad un tanto refinada. En una carta del *Che* a Fidel, fechada el 7 de octubre de 1958, se puede leer lo que sigue:

> *Este día, para tratar de limpiar la escoria de la columna, ordené el licenciamiento de todo el que*

lo solicitara; siete aprovecharon la oportunidad y doy sus nombres para la historia negativa de esta revolución.

Otra muestra de su convencimiento de ser importante nos la da el siguiente escrito, recibido por Enrique Oltusky en noviembre de 1958:

> *Me veo en la triste necesidad de recordarte que he sido nombrado comandante en jefe, precisamente para dar una unidad de mando al movimiento y hacer las cosas mejor. (...) Renuncie o no renuncie, yo barreré, con la autoridad de que estoy investido, con toda la gente floja. (...) Me pides un recibo con mi firma, cosa que no se acostumbra a hacer entre compañeros.*
>
> *Soy completamente responsable de mis actos y mi palabra vale más que todas las firmas del mundo.*

A Ernesto le gustaba mucho la poesía. Entre sus libros preferidos se encontraban siempre los de León Felipe. Él se consideró un poeta fracasado, y así se lo hizo saber al propio León Felipe en una carta que le dirigió en 1964, cuando él ya era poderoso en Cuba. Su devoción por el poeta la mantuvo Guevara hasta su muerte en Bolivia. Entre los papeles que se encontraron en la mochila de Guevara cuando fue apresado, llevaba versos de León Felipe, escritos de su puño y letra, que posiblemente había transcrito en algún momento libre de la instrucción en Nancahuazu.

Y tampoco desdeñaba en absoluto escribir. Además del libro *Guerra de guerrillas*, en Cuba aparecieron diversos artículos suyos, en los que narró muchos episodios de Sierra Maestra. Aquellos artículos fueron publicados en la revista *Verde olivo*, órgano del ejército rebelde, que él mismo dirigía y en donde tenía una sección fija en la que escribía bajo el seudónimo de «El Francotirador».

En estos relatos de Sierra Maestra y en las hojas de sus *Diarios*, tanto de la Sierra como de Bolivia, se encuentran las mejores páginas de Guevara, resultando expresivas e incluso dramáticas. En los demás escritos del *Che,* el estilo literario parece reticente y engolado.

El *Che,* por otro lado, era un tanto tímido y retraído con las mujeres. No solía hablar de su vida sentimental. Y sólo se le conocieron dos mujeres oficiales: Hilda, la peruana, y Aleyda, la cubana, y se ha querido suponer que Tania, la guerrillera, fue amante suya.

Ernesto despertaba interés en las mujeres, pero siempre se mostraba inmunizado contra el halago y la solicitud de las que se le acercaban.

La primera relación de su segunda esposa con Guevara se dio en la Sierra y estuvo enmarcada dentro de los límites más estrictos de la revolución. Aleyda March, maestra de escuela, servía de enlace y de correo entre los revolucionarios de la ciudad y el grupo guerrillero del *Che.* Cuando triunfó la Revolución, Aleyda acompañó a Guevara a La Habana, y cuando éste se instaló en La Cabaña, fortaleza que servía de prisión, Aleyda empezó a ejercer el cargo de secretaria del comandante.

Al cabo de cinco meses se casaron en el mismo despacho del *Che.* A la ceremonia no asistió Fidel. Únicamente se encontraban allí Raúl Castro, Vilma Espín y un corto grupo de compañeros de la guerrilla. Para la boda, Ernesto utilizó su clásico uniforme, mientras que la novia estrenó un bonito vestido, comprado en unos almacenes de La Habana.

Una anécdota cuenta que el *Che* era implacable y cumplía las normas a rajatabla.

Una vez que su ex esposa, Hilda, había sido detenida por la policía por conducir un coche sin permiso, permaneció un día entero retenida, por expresa indicación de Ernesto al jefe de la demarcación encargado del asunto. Según él, había cometido una falta y tenía que pagarla, aunque se tratara de la mismísima madre de su hija Hildita. Fue Raúl Castro quien se encargó de poner en libertad a Hilda.

Guevara sentía mucha simpatía por sus compatriotas argentinos, lo que no sucedía con los mismísimos cubanos. Cuando Ricardo Rojo, por ejemplo, iba a verle después de un largo lapso de tiempo de separación, pasaba horas enteras con éste. Y se puede decir que sus amigos eran únicamente argentinos. Los cubanos, en cualquier caso, sólo eran compañeros o camaradas del *Che*. Él mismo se encargaba siempre de marcar las distancias entre los cubanos y su persona, ya que se declaraba «extranjero» en una tierra en la que se le había nombrado «cubano honoris causa».

Recojamos las palabras que uno de sus biógrafos, Andrew Sinclair, escribe en su obra:

Sus convicciones procedían claramente de unas doctrinas políticas que para muchos resultan insostenibles. Sin reprimirse, prescribe y utiliza tácticas que en ocasiones son dudosas o inhumanas. Sin claudicar, convivió con el sudor y la inmundicia como una fiera salvaje. Y a pesar de todo, ha ido más lejos de estas actuaciones y se nos aparece, igualmente sin máscara, como un ser humano, como una especie de salvador o redentor. Cuando ya se ha dicho todo sobre su figura, cuando se han contemplado fríamente sus hechos y sus escritos, cuando hasta incluso se le ha maldecido, queda todavía la convicción de que el Che *fue siempre impulsado por su amor por el bien de la humanidad. El ideal que refleja en sus escritos. Su vida y su muerte van mucho más allá de una simple ideología... En treinta y nueve años practicó más oficios que un montón* de hombres durante toda su vida, y durante su existencia vivió más vidas que toda una familia de gatos... Es como si siempre se hubiera encontrado a merced de todas las contradicciones y de todos los conflictos. En todas sus palabras y todos sus hechos fue siempre singularmente coherente con él mismo. La diferencia entre el Che y los otros hombres es que el Che no dejó para los otros la realización de sus pensamientos: los realizó él mismo.

CRONOLOGÍA

1928 — Nace en Rosario, Argentina, el 6 de junio.
— En esa época empieza el segundo mandato del presidente Irigoyen.

1930 — La familia Guevara se instala en la provincia de Misiones.
— Se lleva a efecto el golpe de Estado del general J. Félix Uriburu.

1931 — Los Guevara se trasladan a San Isidro, en los alrededores de Buenos Aires.
— Se detecta una grave afección asmática en Ernesto.

1932 — La familia Guevara se traslada a Alta Gracia (Córdoba).
— Agustín Justo derriba a Uriburu.

1933 — Los países iberoamericanos firman en Río de Janeiro un tratado de no agresión.
— Revolución fallida en Cuba.
— Golpe de Estado de Batista en la isla de Cuba.

1939 — Ernesto se escapa de casa con su hermano Roberto, y se contratan para la vendimia. Regresan pronto a causa de una indigestión de uvas.

1940 — Nueva constitución cubana. Batista, presidente.

1941 — Ernesto termina sus estudios primarios.
— La familia Guevara se vuelve a trasladar, esta vez a Córdoba.

1943 — Golpe militar en Argentina. Perón se pone al frente del Departamento Nacional del Trabajo.

1944 — Batista preside las elecciones y se retira.

1945 — Perón se casa con Eva Duarte.

1946 — Juan Domingo Perón, presidente de Argentina.

1947 — Ernesto Guevara se gradúa de bachiller y empieza los estudios en la Facultad de Medicina.
— A petición de Ernesto, los Guevara se trasladan al barrio residencial de Palermo, en Buenos Aires.

1948 — Ernesto veranea con unos amigos en Alta Gracia.

1950 — Ernesto realiza una gira de 4.000 kilómetros, en una bicicleta a la que acopla un pequeño motorcito.

— En el garaje de su casa monta un pequeño «negocio» de insecticidas.

1951 — Guevara inicia un viaje, junto con Alberto Granados, por toda Sudamérica. La pretensión inicial era la de llegar a la isla de Pascua para visitar la leprosería de Rapa-Uni.

1952 — Ernesto y Alberto recorren Chile, Perú, Colombia y llegan hasta Caracas.
— Segundo mandato presidencial de Perón. Muere su esposa, Eva.
— Nuevo golpe de Estado de Batista en Cuba. Fidel Castro lo demanda ante el Tribunal de Garantías Constitucionales.
— Paz Estensoro inicia una reforma agraria en Bolivia.

1953 — Ernesto consigue la licenciatura en Medicina. Presenta la tesis sobre las afecciones alérgicas y consigue el doctorado.
— Emprende un viaje a Venezuela que terminará en Guatemala.
— El 26 de julio, Fidel Castro ataca, sin éxito, el cuartel de Moncada, en Cuba.

1954 — Ernesto conoce en San José de Costa Rica a los venezolanos Rómulo Betancourt y Raúl Leoni, y al dominicano Juan Bosch.
— Ernesto pasa a México.

1955 — Ernesto se casa en México con la peruana activista del APRA Hilda Gadea Onfalia. Raúl Castro será el padrino de boda.

— Batista es reelegido y por una ley de amnistía pone en libertad a Fidel Castro.

— Castro se exilia a México y allí, por mediación de Raúl Castro, conoce al *Che*.

— Perón abandona Argentina después del golpe de Estado de los generales Leonardi y Aramburu.

1956 — En noviembre se produce un desembarco de un grupo de cubanos en la playa de Colorados. En este grupo se encuentran Fidel Castro y Ernesto Guevara.

1957 — Los guerrilleros, con Fidel Castro y Ernesto Guevara al frente, dominan Sierra Maestra.

— Frank Pais, jefe del movimiento antibatistiano en la capital, es apresado y ejecutado.

1958 — Se realizan emisiones de radio desde el territorio de «Cuba libre», en Sierra Maestra.

— El 25 de diciembre se entra en Santiago.

— Batista abandona el país y se refugia en Santo Domingo.

— Frondizi, presidente de Argentina.

— Guevara entra en La Habana el 3 de enero.

— Castro entra en La Habana el 8 de enero.

— Viajes de Castro a los Estados Unidos y Buenos Aires.

— Primeros viajes de Guevara al Próximo y Lejano Oriente.

1959 — Se casa con Aleyda March.
— Es nombrado director del Banco Nacional.

1960 — Ernesto escribe el libro *Guerra de guerrillas.*
— Escribe en la revista *Verde oliva*, que dirige personalmente.
— Viaja a varios países del área comunista.
— Los Estados Unidos rompen las relaciones con Cuba.
— Primeros acuerdos comerciales entre Cuba y la URSS.

1961 — Fracasa el desembarco de fuerzas anticastristas en la Bahía de Cochinos.
— Ernesto Guevara es nombrado ministro de Industria.
— Como delegado de Cuba, asiste a la Convención de Punta del Este, en Uruguay.

1962 — Se realizan planes para la industrialización del país, que fracasarán.
— Se establecen bases rusas en Cuba, y Kennedy ordena el bloqueo de la isla.
— Se canjean prisioneros americanos por cincuenta millones de dólares.

1963 — Al fracasar sus planes de industrialización, Ernesto se enfrenta al partido y ve reducidas sus atribuciones.
— Asiste en Argel a un seminario sobre planificación económica.
— Guevara se pone en contacto con el Ejército Nacional de Liberación colombiano.

— Jorge Ricardo Massetti inicia la guerrilla en territorio argentino.

1964 — Guevara asiste en Ginebra a la Conferencia Mundial para el Comercio y el Desarrollo.
— Castro publica *El Partido Comunista*. El prólogo del libro es del *Che*.
— Viaja a Moscú; asiste a la Asamblea de las Naciones Unidas y viaja por varios países africanos.

1965 — Prosigue el viaje de Ernesto Guevara por el continente africano.
— A los pocos días de su regreso a La Habana desaparece de la escena pública.
— Muere su madre el 18 de mayo.
— Viaja de nuevo al continente africano.

1966 — Regresa a Cuba en marzo.
— En enero se reúne en La Habana la Conferencia Tricontinental de países socialistas.
— Guevara organiza la guerrilla en Bolivia a partir de noviembre.

1967 — Ernesto *Che* Guevara es apresado y muerto en Bolivia.
— Los familiares piden el cadáver, pero se les objeta que éste ha sido incinerado. Las únicas muestras que referencian la muerte del *Che* son la presentación del cadáver a los periodistas y las consiguientes fotografías.

BIBLIOGRAFÍA

BONICH FERNÁNDEZ, GEORGINA: *Ernesto (Che) Guevara.* Estudio bibliográfico. La Habana, 1975.

DECAMILLI, JOSÉ LEOPOLDO: *Hombre y sociedad en el pensamiento de Ernesto Che Guevara,* Berlín-Madrid, 1976.

GONZÁLEZ-MATA, LUIS M.: *Las muertes del Che Guevara,* Barcelona, 1980.

GUEVARA LYNCH, ERNESTO: *Mi hijo el Che,* Barcelona, 1981.

MAY, ELMAR: *Ernesto Che Guevara,* Barcelona, 1991. (La mejor biografía hasta la fecha.)

MAESTRE ALFONSO, JUAN: *Los guerrilleros de Ñancahuazú.*

PIERNES, JUSTO: *Fue muerto el Che.* Ambos artículos publicados en la revista «Historia 16», núm. 18; Madrid, octubre de 1977.

ÍNDICE